U0099148

思維的邏輯

DEVIL LOGIC

邏輯大魔王老凡/著

最簡單的邏輯學入門，
教你如何思考有邏輯，說話有條理

有效識別21種邏輯謬誤，
搭配實例分析，讓你比之前聰明15%

有邏輯地思考和有條理地表達，
是解決問題和言語表達的關鍵

已經小心翼翼，
可是詐騙集團看似完美的騙術，
仍然防不勝防？

即使是對方理虧，
自己卻毫無反擊之力，
只能回家生悶氣？

教你如何
思考有邏輯，說話有條理

序：徹底改變你的思維世界

著名邏輯學家、哲學家、傑出的教育家金岳霖教授曾經說：「邏輯是生活中找尋並且滿足人們願望的實際工具。沒有邏輯，我們的生活會十分沉重，以致幾乎是不可能的。」

思維決定人類的行為、感受、需求。如果思維方式不現實，你就會陷入沮喪和挫折中。如果思維方式太混亂，你就會錯失很多快樂而有趣的事情。

美國著名地質學家華萊士在其自傳《找油的哲學》中寫道：「找油的地方，就在人類的大腦中。」他指出：人類的大腦裡蘊藏豐富的寶藏，思維方式是其中最珍貴的資源。

一位盲人夜間出門，提著一盞明晃晃的燈籠。來往行人看見他提著燈籠在路上摸索前行的模樣，覺得好笑又奇怪，忍不住問：「你的眼睛看不見，還提著燈籠幹嘛？有用嗎？」

「有用，有用，怎麼會沒用？」盲人認真地回答。

「有什麼用？說來聽聽。」這位路人不經意說出一句頗有殺傷力的話，「你又看不見。」

盲人回答：「對啊，就是因為我看不見，所以需要這個燈籠，怕你們在黑暗中看不見我，把我撞倒了。」

本來打算看笑話的來往行人，聽了無不振聾發聵，心中豁然開朗。

這位盲人手中燈籠所映照出來的，是一種符合邏輯的思維方式。人們不僅從中受到啟發，也心服口服地接受。

符合邏輯的思維方式，就是本書探討的主題：邏輯思維。

邏輯是思維的集中表現，邏輯思維是邏輯學在生活中的具體應用。邏輯思維是人們處理日常生活問題的必備能力之一，在解決問題、寫作、言語表達的時候，有邏輯地思考和有條理地表達，是理性的要求，也是成功與否的關鍵。

那些企業家和科學家都是運用邏輯思維探索未知的世界，在別人未曾發現的領域，取得驚人的成功；那些政治家和業務員都是運用邏輯學的原理去引導別人的思維，有效說服對方，進而改變世界。

《思維的邏輯》是一本簡單的邏輯學入門讀物，也是一本可以徹底改變你的思維世界的書。

我們所處的社會，正如某個學者所說：「缺乏邏輯已經成為社會的一種流行病症：邏輯紊亂症候群。」一本書的出版，就如久旱時節的及時雨，既是治癒社會疾病的寶典，也是提高個人能力的秘笈，確實值得人手一冊，藉以幫助讀者瞭解邏輯學，善用邏輯思維。

目錄

第三章 推理和論證——邏輯學的語言

第四章 培養邏輯腦——邏輯思維的訓練

第五章 邏輯謬誤——不講道理的人，怎麼總是有理？

第六章 詭辯與反詭辯——和不講理的人講道理

一第七章一 思維的邏輯——讓你每次辯論都可以贏

後記

第一章
每個人都應該學一點邏輯學

生活中，邏輯無處不在。

無論我們是有意還是無意，邏輯無時不在服務於我們的生活。

然而，邏輯到底是什麼，也許沒有太多的人有清楚的概念。

超簡單的邏輯學入門

「邏輯」一詞，源於希臘語，最初是詞語、思想、概念、論點、推理的意思。

中文「邏輯」一詞，是西方詞彙的音譯，也就是英語和法語中的logic和logique。

狹義的邏輯學，是指研究推理和論證的科學，即研究如何從前提必然推出結論的科學。

最早研究邏輯學的亞里斯多德，提出著名的「三段論」：從兩個前提必然推出一個結論。例如：

（1）金庸的武俠小說會讓你廢寢忘食，廢寢忘食會讓你身材苗條，金庸的武俠小說會讓你身材苗條。

這個句子的推理方法，被稱為蘊含三段論。

（2）假如技術嫻熟的舵工是最有能力的舵工，技術嫻熟的戰車馭手是最有能力的馭手，一般來說，技術嫻熟的人就是在某個方面最有能力的人。

這個句子的推理方法，被稱為歸納三段論。

廣義的邏輯學，與哲學研究有很大的關係，是指研究思維的科學。所有思維都有內容和形式兩個方面。思維內容是指思維所反映的對象及其屬性；思維形式是指用以反映對象及其屬性的不同方式，即表達思維內容的不同方式。

邏輯思維的基本形式

從邏輯學角度來看，邏輯思維的三種基本形式是概念、判斷、推理。

例如：

（1）勞力的市場價格是薪水。

（2）土地的市場價格是租金。

（3）資本的市場價格是利息。

（4）因此，市場經濟的所有生產要素都是有價格的。

其中，「勞力」、「市場價格」、「是」、「薪水」、「土地」、「租金」、「利息」、「因此」、「市場經濟」、「生產要素」都是概念，由概念組成的語句被稱為判斷，由判斷組成的論斷稱為推理。

邏輯學研究概念、判斷、推理，不研究具體的思維內容，也就是暫時拋開具體的思維內容，研究其邏輯形式，以及各種邏輯形式之間的關係。

所謂邏輯形式，是指思維內容各個組成部分（或元素）的聯結方式（即結構），也被稱為思維的邏輯形式，或是思維的形式結構。

例如：

（1）蘋果是可以食用的。

（2）人工智慧是有前途的。

（3）法律是有強制性的。

這三個判斷表達的思維內容不同，但是它們在表達形式的結構上相同，具有相同的邏輯形式：「Ｓ是Ｐ」。

再如：

（1）如果股份一樣，股東權利就會一樣；我和你的股份一樣，所以我和你的股東權利一樣。

（2）如果兩個角是對頂角，這兩個角就會相等；這兩個角是對頂角，所以這兩個角相等。

這兩個判斷在結構上也是相同的，具有相同的邏輯形式：「如果Ｐ，則Ｑ；Ｐ，所以Ｑ。」

在每種邏輯形式中，都包含邏輯常項和變項。邏輯常項是指同類邏輯形式中不變的部分，如上例中的「是」和「如果，所以」。邏輯常項決定各種邏輯形式的性質，是區別不同邏輯形式的依據。變項是邏輯形式中的可變部分，即用字母表示的那個部分，可以用相應的具體概念或是判斷代入。前例中的「Ｓ」和「Ｐ」是概念變項，可以代入任意概念；後例中的「Ｐ」和「Ｑ」是判斷變項，也可以代入任意判斷。

邏輯推理與人類才華

如果你想到谷歌、微軟、蘋果這樣的公司謀得一份高薪的工作，很有可能在面試的時候遇到這樣的題目：芝加哥總共有多少個鋼琴調音師？下水道的人孔蓋為什麼是圓形的？

老實說，面對這樣的題目，你是不是覺得主考官有點無厘頭？

然而，這些看起來無厘頭的題目，正是這些公司挑選員工的方式！

這種選拔人才的方式可靠嗎？可靠！因為聰明人有一個共同特質：**他們在分析問題的時候，都有非**

常清晰的思考過程。注意，是清晰的思考過程，而不是絕對正確的思考結果。

前哈佛大學校長勞倫斯・薩默斯接受記者訪問的時候，記者問：「你認為一個優秀的哈佛大學生需要具備的最重要的素質是什麼？」

薩默斯回答：「正直誠信的品格，是我們對學生最基本的要求。除此之外，我認為最重要的是思路清楚，分析問題的時候有非常清晰的思考過程。」

為什麼「思路清楚」很重要？除了哈佛大學校長之外，還有一個人很重視「思路清楚」，這個人是俄羅斯前總統葉爾欽。

葉爾欽在回憶錄《午夜日記》說道：「他（佛拉迪米爾）提交的報告，思路總是非常清楚，這一點給我留下深刻印象。」受到葉爾欽重視的佛拉迪米爾很快被提拔為聯邦安全局局長，一年以後成為政府總理。半年以後，葉爾欽將總統的寶座讓給他。

從主任助理到世界上面積最大的國家的總統，他只用了不到三年的時間。他是誰？他的全名是：佛拉迪米爾・普丁！

葉爾欽選定普丁作為自己的接班人，還有很多複雜的原因，但是回憶錄唯一提到的一點，正是「思路清楚」！

明白「思路清楚」這個秘密，再來分析前文提到的題目。

其實，這些題目沒有唯一正確的答案。主考官只是想要測試面試者解決問題的時候，是否可以形成清楚的思路。換言之，是否可以展現一個清晰的思考過程。

因此，鋼琴調音師的題目可以這樣回答：

假設芝加哥有五百萬人居住，平均每個家庭有兩個人，大約有二十分之一的家庭有定期調音的鋼琴，平均每台鋼琴每年調音一次，芝加哥每年的鋼琴調音總需求是十二萬五千張訂單。假設每個調音師調整一台鋼琴需要兩個小時，每個調音師每天工作八個小時、每個星期五天、每年五十個星期，一個調音師每年可以處理一千張訂單。由此可以算出：芝加哥總共需要一百二十五個鋼琴調音師。

其中估算的資料，只要不是違反常識太多（例如：假設芝加哥只有一萬人），就不會被判定為錯誤。從假設到推理到形成答案，只要這個分析過程清晰而符合邏輯，就可以讓主考官欣然接受。

如果可以迅速找到解決「鋼琴調音師」這類問題的規律，就可以得到第二個題目的答案。

例如：因為圓形可以滾動，可以讓工人更輕鬆地搬運，所以人孔蓋是圓形的。

如果人孔蓋是方形、三角形、梯形，或是其他不規則形狀，要求工人把人孔蓋和孔口形狀對齊，圓形可以省去這個步驟，所以人孔蓋是圓形的。

想要形成清晰的思考過程，無法脫離假設、論證、推理，這正是邏輯學的基本內容。

邏輯思考與有效溝通

「想清楚，說明白，知道說什麼、怎麼說」，這是每個人希望達到的溝通境界。但是我們演講、寫作、報告、指揮的時候，經常覺得不知道從何說起，或是讓對方感到混亂不清。

你在辦公室，你的下屬忽然衝進來，對你說：「老闆，我最近在注意原料的價格，發現很多原料漲價了。剛才物流公司也說要漲價，我比較其他公司的價格，還是無法說服他。我們的競爭品牌也漲價了，廣告費也超出預算，如果……」

你是不是一頭霧水，不知道他究竟要說什麼？或是要求你提供什麼幫助？或是希望解決什麼問題？

如果他這樣說：「老闆，我認為我們應該漲價二〇%，而且要超過競爭品牌。因為第一，原料最近漲價三〇%，物流成本也上漲了；第二，競爭品牌全部漲價一〇%～二〇%，我們應該跟進；第三，廣告費超出預算，我們應該……你覺得這個建議是否可行？」

這樣是不是更清楚？原因是：在第二種表達方式中，員工將內容按照其內在邏輯做出分類，使用一個如圖一-一所示的「金字塔結構」。

「金字塔結構」是美國麥肯錫公司首創的溝通工具，要解決的問題是：如何在溝通中做到「邏輯清

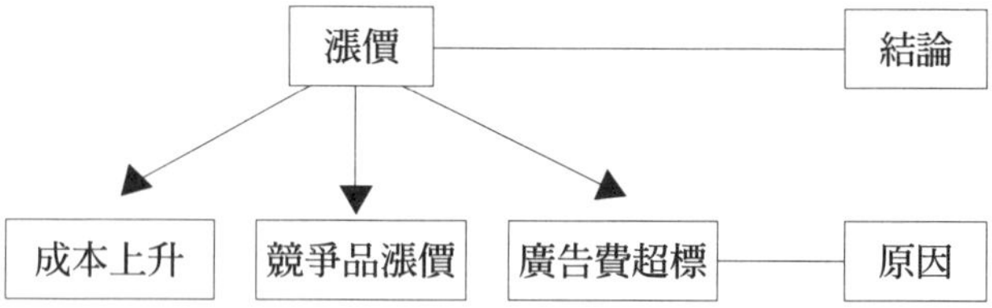

漲價　結論

成本上升　競爭品漲價　廣告費超標　原因

圖1-1　金字塔結構

晰、條理分明」，這個溝通工具受到全球職場人士的廣泛歡迎。

你要表達自己想法的時候，可以透過以下步驟，建立一個「金字塔結構」：

第一步：列出自己想要表達的所有要點。

第二步：找出各個要點之間的邏輯關係。

第三步：得出結論。

形成「金字塔結構」以後，你的表達順序是：

第一步：做出結論。

第二步：介紹結論的邏輯推理過程。

第三步：依次展開自己的要點。

以上步驟被濃縮為十二個字：「自下而上思考，自上而下表達」。

在溝通中做到「邏輯清晰、條理分明」的好處是顯而易見的，其中最經典的好處被描述為「電梯法則」。

假設你是某家公司的經理，為了一個重要的專案，你和團隊工作三個月，準備三百頁的報告……然而，客戶方的總經理在會議開始不到十分鐘，走出會議室接電話，然後回來說：「非常抱歉，今天的報告必須暫停，因為我們有非常緊急的事情，我必須立刻飛去紐約。」

你和團隊無奈地看著他們匆忙離開，就在總經理走進電梯的時候，「等一下」，他擋住電梯的門，對你招手：「是否可以利用我到停車場的時間，說出你們報告的主要內容？」就這十幾秒鐘？你必須說出報告的主要內容？還要爭取他的認同和支持？但是沒有第二次機會，你立刻衝進電梯，門一關上，你對著一群人說：「我們認為……」

這就是「電梯法則」——簡單明瞭、邏輯清晰地說明自己的觀點。

你可以用一句話濃縮自己的行銷報告嗎？你可以用一段話說明自己的品牌定位和發展方向嗎？你可以在三分鐘以內說明目前業績下滑的主要原因，並且提出三個解決方案，然後讓老闆做出決定嗎……

「電梯法則」的核心假設是：如果你用三句話無法說清楚，用一個下午也無法說清楚。

想要實現「電梯法則」，運用金字塔結構就會很有效：先透過邏輯分析形成結論，然後先從結論說起，再說中心思想，然後向前推理論證。如此一來，可以用最短的時間讓別人理解你。

邏輯分析與獨闢蹊徑

其他人意見一致的時候，你會人云亦云，還是獨立思考？

各行各業的成功人士，大多需要具備獨立思考、獨闢蹊徑、獨具慧眼的能力，他們擁有這些能力的秘訣，在於他們相信邏輯和邏輯分析。

生於西元前五〇七年的魯班怎樣發明鋸子？

相傳有一次，他進入深山砍伐樹木，手被一種野草的葉子劃破。他摘下葉子仔細察看，原來葉子兩邊長著鋒利的小齒，他的手就是被這些小齒劃破。他還看到在一根野草上有一隻蝗蟲，兩個牙齒上也有許多小齒，可以很快地磨碎葉子。

魯班從這兩件事情上得到啟發。他想，要是木工也擁有這樣的工具，不是也可以很快地鋸斷樹木嗎？於是，他經過多次試驗，終於發明鋒利的鋸子，大大提高效率。

如果齒狀的葉子可以劃破人手，齒狀的鐵片也可以鋸斷樹木。魯班透過「齒狀葉子」和「齒狀鐵片」、「人手」和「樹木」的類比，推理出來的結論符合邏輯，最終也證明確實可行。

刑事案件的偵查工作，通常沒有第一手資料。警察只能透過可疑線索和現場情況利用邏輯推理，逐漸瞭解案情，從假設到驗證，最後找出罪犯。

在一個黑暗的夏夜，一個衣服濕透的人跑到警察局，向警察報案：「剛才我走到一座橋上，被一個東西絆了一下，跌到河裡，幸好我會游泳，一會兒就爬上岸。走到橋上仔細一瞧，那個東西原來是一個人，脖子上有兩道傷口，渾身是血。我摸了他的身體，還有一點溫度，估計他被害不久，我就來報案了。」

「你怎麼知道他的脖子上有兩道傷口？」警察問。

「我從口袋裡摸出火柴劃亮一瞧……」說完，報案人準備離開。

「先生，請留步！」警察攔住報案人，並且厲聲地說：「你有重大犯罪嫌疑，請誠實說出你隱藏的真相！」

這個案例中，報案人被列為重大犯罪嫌疑人，是因為他先說跌入河中（口袋裡的火柴就會濕透劃不著），後來他又說，劃亮火柴看見兩道傷口，這是互相矛盾的。警察抓住這個邏輯破綻，立刻採取行動控制對方，這是很機敏的表現。

邏輯牽涉到人類的幸福

一個經濟學家在路上遇到自己的邏輯學家朋友，兩人正在聊天的時候，旁邊傳來叫賣聲：「賣貓，祖傳寶貝便宜賣。」經濟學家興致來了，就要跟邏輯學家打賭，看誰可以用最少的金錢得到最大的利益。

賣貓人說，因為孩子病重，沒有錢給孩子看病，才會出售這個玩具貓，這個玩具貓是自己家的祖傳寶貝。

經濟學家看著玩具貓，發現它通體漆黑，但是貓眼非常耀眼，「可能身體是黑鐵做的，但是兩顆眼睛應該很值錢。」經濟學家這樣想著，就決定出手：「我只要你的貓眼，三百美元怎麼樣？」經濟學家用三百美元買下兩顆貓眼，得意地對邏輯學家說：「我只用三百美元就買到一對珍珠，你認輸吧！」

邏輯學家什麼也沒有說，給賣貓人兩百美元，買下玩具貓的身體。就在經濟學家想要嘲笑邏輯學家的時候，只見邏輯學家示意他趕快離開。兩人到了巷子裡，邏輯學家不慌不忙地掏出小刀，貓表面的黑漆被刮落的時候，裡面露出金燦燦的顏色。「不出所料，這個玩具貓是用黃金打造的。」

「你怎麼知道這個玩具貓是用黃金打造的？」經濟學家驚訝地說。

邏輯學家說：「一個玩具貓怎麼會用珍珠做貓眼？貓眼已經那麼珍貴，貓身會是爛鐵嗎？」

從貓眼推斷貓身的價值，這就是邏輯思維中的分析和推理。世界上的事物都是彼此聯繫的，這種聯繫不僅是外在明顯的聯繫，也有內在隱藏的聯繫，這正是不可不學和不可不用邏輯思維的原因。

普林斯頓大學的校園裡，曾經有一個男孩愛著一個女孩，但是這個男孩不知道怎麼向對方表白。有一天，他想到一個方法去接近女孩。他對那個女孩說：「你好，我會在紙上寫一句關於你的話，你如果覺得我說得對，請你送給我一張照片可以嗎？」

女孩認為，這是一個想要追求自己的男孩向自己要照片，心想：不管這個男孩寫什麼，自己都說不對，就可以拒絕他。

於是，女孩答應這個男孩的要求，結果她看見男孩寫的話卻無法拒絕，只好把自己的照片送給那個男孩。

那個男孩寫了什麼？其實很簡單，他寫的只是一句極其簡單的話：「你不會吻我，也不想把你的照片送給我。」

這個女孩最終成為他的妻子，這個男孩就是後來美國著名的邏輯學家斯穆里安。

邏輯是生活中找尋並且滿足人們願望的實際工具，可以給人創造財富，可以讓人收穫愛情，可以給人帶來智慧，這就是邏輯的力量。

第二章 邏輯思維的基本原理

邏輯思維的基本原理，也稱為「思維基本規律」，即同一律、矛盾律、排中律，以及由萊布尼茲提出的充足理由律。它們構成理性思維最基本的前提與預設，是理性的對話和交談可以進行下去的最基本前提，分別確保理性思維具有確定性、一致性、明確性、論證性。

同一律

邏輯思維的同一律，是為了確保邏輯思維是理性的，是確定的。

同一律在形式邏輯書籍上的定義為：在同一思維過程中，每個思想必須與其自身保持一致。

應該注意「同一思維」和「保持一致」這兩個關鍵詞語，我們可以把它們理解為相同場合、相同對象、相同時間。

我們在論斷過程中，思維對象要確定，概念要保持一致，不能隨意變換，就是邏輯規則中的同一律：除此之外，別無其他含義。

背離同一律表現為混淆概念，有些是偷換概念，有些是轉移論題，有些是偷換論題。

在日常生活中，經常會遇見很多混淆概念的人，例如：算命先生說「父在母先亡」，就有六種意思——第一，父親過世；第二，母親過世；第三，父母都過世，父親先過世；第四，父母都過世，母親先過世；第五，父母都健在，父親會比母親先過世；第六，父母都健在，母親會比父親先過世。

創造這句話的人，可以算是詭辯的宗師級人物。世間的所有狀況，一句話全部歸入其中。

矛盾律

矛盾律是邏輯思維必須遵循的第二個原理，是為了確保邏輯思維是理性的，是一致的。

所謂矛盾律，是指：在同一思維過程中，兩個互相反對或是互相矛盾的判斷至少有一個是假的，肯定不能同時為真。

互相反對和互相矛盾的判斷又是如何定義的？

這是西瓜，這不是西瓜，這兩個判斷就是互相反對的。他家距離這裡很遠，去他家走路大概需要三分鐘，這兩個判斷就是互相矛盾的。

邏輯矛盾經常存在於兩個判斷之間，例如在「自相矛盾」的故事中：有一個商販，賣矛又賣盾，時而宣稱自己賣的矛無堅不摧，時而宣稱自己賣的盾無堅可摧。如果矛無堅不摧成立，盾無堅可摧就不成立；如果盾無堅可摧成立，矛無堅不摧就不成立。

有時候，邏輯矛盾也存在於一個複雜的概念中，甚至存在於一個判斷中，例如：「他將要在今年元旦之前回家。」

「將要」是對未來發生事件的判斷，從「今年」可以判斷，假如說話的時候是二〇二〇年，「回家」只能在說話的時日之後發生。但是「今年元旦之前」這六個字分析，他回家是發生在二〇二〇年，但是二〇二〇年已經過去，不應該存在「將要」這個詞語。同一件事情，一會兒過去，一會兒「將要」，違反矛盾律，誰也不知道他在說什麼。

「那個女孩的項鍊墜飾，是一顆綠色的紅寶石。」

紅寶石的限制詞是綠色，是那顆石頭屬性的定語。因為綠色和紅色是並列的概念，所以綠色修飾紅色是不對的。如果把限制詞「綠色」換成「深紅色」，這個概念就沒有缺陷，原因是主概念和限制詞不能同時並存。

湯姆問傑克：「你可以保守秘密嗎？」

傑克說：「當然可以，但是我的朋友都不可靠。」

傑克的回答包含兩個部分：前半句正面回答問題，宣稱自己擅長保密；後半句間接透露自己不擅長保密，因為他把秘密都告訴朋友。

顯然，傑克的話前後矛盾。

必須注意的是，「在同一思維過程中」這八個字，是矛盾律定義中的既定條件。

排中律

第三個邏輯思維的原理稱為排中律，是為了確保邏輯思維是理性的，是明確的。

所謂排中律，是指：同一時間和同一條件下，對同一個對象做出的兩個邏輯判斷如果互相矛盾，不可能二者同時為假，其中必定有一個為真。如果確定一個為真，另一個肯定為假，不存在中間狀態。

簡單而言：這種問題非黑即白，二者必選其一，要有堅定立場和明確態度。判斷的時候，在兩個互相矛盾的命題中，要明確判斷一個為真，另一個為假，不能二者都肯定，也不能二者都否定。

舉一個鬼魂論的例子：A宣稱世界上肯定無鬼，B宣稱世界上肯定有鬼，C宣稱信則有不信則無。A和B的邏輯沒有錯誤，但是C否定A又否定B，並且將有無鬼魂的討論轉換成是否相信鬼魂存在的討論。「不置可否」，明顯違反排中律。

排中律只適合自相矛盾的判斷，要求兩個判斷中必須有一個為真，即二者不能都為假。對兩個互相反對的命題同時否定，不違反排中律。

例如：「我不認為所有人都是自私的，我不認為所有人都不是自私的」，這段議論不違反排中律，因為它否定的兩個命題——所有人都是自私的和所有人都不是自私的——是互相反對的關係，而非互相矛盾的關係。

又如：

丈夫：我一定中獎！

妻子：我不這麼認為。

丈夫：你認為我不可能中獎？

妻子：我不這麼認為。

丈夫：你「兩不可」，違反排中律。

妻子：……

其實，妻子否定的兩個命題是「丈夫必然中獎」和「丈夫必然不中獎」，這兩個命題互相反對，而非互相矛盾，對此同時否定不違反排中律。

再如：

學生宿舍失竊，警衛問某個學生：「你以後是否不再偷東西了？」

對這種特殊問語的回答，不能簡單套用排中律。表面上看，「我以後不再偷東西」和「我以後繼續偷東西」是兩個互相矛盾的命題，根據排中律，必須肯定其中一個。但是如果學生沒有偷過東西，肯定其中任何一個命題都是不適當的。

矛盾律和排中律的內容共同構成「二值原則」：任何命題或是真的或是假的，不能既真又假，也不能既不真也不假。這就是說，非真即假，非假即真。

一般使用的邏輯都是建立在二值原則上，因此稱為「二值邏輯」。

充足理由律

充足理由律的說法，源於十七世紀末期的德國哲學家萊布尼茲。他在《單子論》中說：「……任何一件事情如果是真實的，或是實在的，任何一個陳述如果是真實的，就要有一個為什麼這樣而不是那樣的充足理由，雖然這些理由總是不能為我們所知道」。但是，萊布尼茲並未把充足理由原則當作邏輯規律。

充足理由律的定義為：任何一個合乎真理性的論斷，都應該有充分的根據。理由必須真實、必須有理由、理由與論證之間存在必然聯繫，是充足理由律的邏輯要求。

充足理由律的公式是：「A真，因為B真，而且B可以推出A」。公式中的「A」代表在真判斷，「B」代表用來確定「A」真的判斷，稱為理由。上述公式的意思是說：在論證過程中，一個判斷可以被確定為真，一定存在另一個（或是一組）判斷「B」，而且從「B」真可以推出「A」真。如果

「B」真，而且從「B」真推出「A」真，我們認為「B」是「A」的充足理由。

以下表現都是違反充足理由律：

第一，毫無根據和武斷的說法。

第二，虛假的理由。

第三，理由是真的，但是無法從理由中得到結果，理由和結論之間根本沒有任何關係。

有一個成語叫做「癡人說夢」：

戚某幼耽讀而性癡，一日早起，謂婢某曰：「爾昨夜夢見我否？」答曰：「未。」大斥曰：「夢中分明見爾，何以賴？」去往訴母，曰：「癡婢該打，我昨夜夢見她，她堅說未夢見我，豈有此理耶？」

這個姓戚的癡兒無法從所述理由推出如此結果，與違反充分理由律的第三種表現相符。戚某雖然夢見婢女，但是不表示婢女也夢見戚某。戚某說婢女荒唐該打，其實他才是真正的該打之人。

思維的四個規律告訴我們如何思考，如何將自己的思想有效地表達出來。但是它畢竟是一種方法，是一種工具，解決問題的時候還是要依據我們自身的知識和經驗。

合理不一定合乎邏輯

邏輯涉及兩個不同的領域：第一類是客觀邏輯，也就是遵循客觀自然世界中的「道理」；第二類是主觀邏輯，也就是遵循主觀思維世界中的「道理」。

客觀邏輯與主觀邏輯的「道理」存在相交的部分，因為作為自然世界的成員，人類也是自然進化的產物，主觀思維正是建立在物質基礎上。

如果我們看到一個雙頭嬰兒，會覺得不合邏輯。因為按照常識來說，基因正常的人應該只有一個頭。兩個頭的嬰兒違反人類在客觀自然中的「道理」系統結構定義，所以是不正常的。

我們可以從上述例子得出一個結論：邏輯在一定程度上，表現「道理」規則。人們把自己認為合理的事物、行為、過程、結論當作有邏輯的東西，如果自己認為不合理，就是非邏輯的。

但是，應該由誰來制定這個「道理」規則？

以前的人們認為「道理」規則的制定者是天神和造物主，現代人認為「道理」規則表現的是自然規律和客觀事實，並非某個「制定者」的作品。

如今，人們稱客觀世界的規律性為「客觀邏輯法則」，將主觀思維的規律性稱為「主觀邏輯法則」。

因此，人們認識「道理」規則的過程是漸進的、發展的。如果科學的進步使自然進化不可能出現的物種誕生（例如：獅身人面、人頭馬身的怪物），人們就要摒棄舊的客觀邏輯規則，並且為證明其存在的合理性，創造新的高級邏輯法則。在人類力量有限的時候，主觀邏輯必須遵循客觀邏輯的規律。如果人類掌握的科技水準達到一定程度，就會成為萬物「道理」規則的制定者，客觀邏輯就要開始追隨主觀邏輯的步伐。

在宏觀的角度來看，邏輯體系是一個不可分割而龐雜的網路體系，由宇宙萬物的「道理」規則構成。網路上的每個節點都表現一種事物的本質，每條連線都是界定或限制事物本質的「道理」規則，每個節點都受到周遭節點和連線的制約。

—第三章—

推理和論證——邏輯學的語言

邏輯學是研究推理和論證的學問。

但是邏輯學的研究無法窮盡所有的推理和論證，因為推理和論證廣泛滲透在人們的認知思維活動中，邏輯學不可能也不需要研究推理和論證的所有方面。

邏輯學的研究目的，主要是區分正確的推理和錯誤的推理、可靠的論證和不可靠的論證。

語句和命題

一個推理，實際上是一個語句集合。

例如：麥可不是犯罪嫌疑人，因為他有不在現場的證明。這個推理包含兩個語句：

（1）麥可不是犯罪嫌疑人。

（2）他有不在現場的證明。

也有兩個以上的語句集合表達一個推理。

例如：張三所在的公司最近倒閉了，李四所在的公司最近倒閉了，王五所在的公司最近倒閉了，所以我認為下一個失業的人就是我。

語句集合可以表達推理，但是並非任意語句集合都可以表達推理。一個語句集合可以表達推理的要求是：作為集合元素的語句，必須表達的是命題。

命題是描述事件的，一個命題描述的如果符合事實，它就是真的；如果不符合事實，它就是假的。因此，作為可以表達命題的語句，它或是真的或是假的，無所謂真假的語句無法表達命題。

例如：語句「麥可當時在案發現場嗎？」

這是一個疑問，表達的是對某個情況的疑問，無所謂真假，因此我們說它無法表達命題。語句「麥可當時不在案發現場」是一個陳述句，陳述的如果符合事實就是真的，否則就是假的，因此這個語句表達一個命題。

一般來說，只有陳述句才會有真假，因此只有陳述句才可以表達命題。這就表示：一個推理，首先是一個陳述句的集合。

前提和結論

一個推理首先是一個陳述句的集合，但是不能由此推論所有陳述句的集合都可以表達推理。如果一個陳述句集合表達推理，我們就可以把作為這個集合元素的語句區分為兩個部分：前提和結論。無法區分前提和結論的語句集合，就不是推理。

以下是四個不同的陳述句集合：

（1）張三所在的公司最近倒閉了，李四所在的公司最近倒閉了，王五所在的公司最近倒閉了，所以我認為下一個失業的人就是我。

（2）張三所在的公司最近倒閉了，李四所在的公司最近倒閉了，王五所在的公司最近倒閉了。

（3）麥可是美國公民，他已經十八歲，十八歲以上的美國公民都有選舉權，所以麥可有選舉權。

（4）麥可是美國公民，麥可已經十八歲，麥可有選舉權。

（1）、（3）分別表達一個推理，它們的前三個語句是前提，最後一個語句是結論。（2）、（4）是陳述句的集合，無法區分前提和結論，因此它們無法表達推理。

表達推理的語句集合中，一般都包含特殊的語詞，例如：「所以」、「因此」、「那麼」……根據這些語詞，我們可以區分推理中哪些命題是前提，哪個命題是結論。簡言之，推理描述的就是作為前提的命題與作為結論的命題之間的一種邏輯關聯性。

概念

概念是命題的基本元素，在一個命題中，通常會包含許多概念。例如：全等三角形的三個內角相等，其中「全等」、「三角形」、「內角」、「相等」都是概念。

人類在理解一個複雜過程或事物的時候，對同類事物共同的一般特性與本質屬性的概括就是概念，它是思維的細胞，也是思維的最基本形式。例如：為了理解天空中漂浮的白色物質，人類創造「雲」這個概念。

概念是意義的載體，例如：漢語的概念「狗」承載的意義，與德語的概念Hund、英語的概念Dog、法語的概念chien、西班牙語的概念perro，承載的意義是相同的。因而，概念可以獨立於語言而存在，這個事實使得翻譯成為可能——在各種語言中的詞語具有同一的意義，因為它們表達相同的概念。

事物的內涵和外延，是概念的重要組成部分。

事物的本質屬性，反映概念的意義，構成概念的內涵。

具體的事物以及具有此類特有屬性的對象，以及包蘊寬廣的範圍，構成事物的外延。

舉例來說：

「人」這個概念的內涵：「區別於其他生物的具有感情和理性的動物」。

「人」這個概念的外延：「所有的包括男女老少等各類特點的人類」。

整體來說，事物的內涵和外延是構成概念不可或缺的兩個方面。概念的內涵反映事物的本質屬性，概念的外延反映具體對象以及範圍。

對於概念的內涵和外延，我們需要分別運用定義法和劃分法這兩個重要的邏輯方法，才可以明確概念，深入瞭解事物的本質意義。

概念的內涵需要運用準確凝練的語言來定義，進而揭示事物本質的特殊屬性。需要注意的是：在定義中，應該避免出現外延過大或過小的錯誤，例如：「商品就是勞動產品」以及「商品就是在商店裡出售的勞動產品」，它們都犯了定義不當的錯誤，正確的定義是：「商品就是用於交換的勞動產品」。

概念的外延需要用劃分法把範圍過大的概念分成適當的意義相近、程度相似、範圍較小的概念，例如把商品分為：有形商品和無形商品，奢侈品和必需品。

在劃分概念的外延時，尤其要注意外延的範圍。例如：對於文學的劃分，「文學包括：詩歌、小說、散文、戲劇、舞蹈、音樂」，這樣就把不屬於文學外延的「舞蹈、音樂」劃分進來。

概念以內涵與外延統一的方式構成主體對客體的規定性的把握。概念的內涵規定概念的外延，概念的外延影響概念的內涵。

例如：對「美女」這個概念，不同的定義會產生不同的內涵，以下就是兩種定義產生的兩種內涵：

「美女」的內涵一：一個人心儀和欣賞的女性。

「美女」的內涵二：有修養、氣質高雅、容貌秀麗的女性。

這兩種內涵下，「美女」的外延也不同：

內涵一的外延：仰慕的女明星、暗戀對象、愛人、情人。

內涵二的外延：中國古代四大美女、職場佳人。

由於兩種內涵的定義方法中，又使用「心儀」、「欣賞」、「氣質高雅」、「容貌秀麗」等概念，因此這兩種內涵的外延就有可能出現重疊和包含。

因此，想要表達自己的觀點、論證、推理的時候，首先要做的是定義和劃分核心概念的內涵和外延。

判斷

對事物之間聯繫或關係的邏輯反映是判斷的內容，在形式上，判斷表現為概念和概念之間的聯繫或關係。

判斷在形式上，通常用一個命題表達出來，例如：「我們應該奉獻一些愛心。」

判斷可以用反詰疑問句來表達，例如：「難道我們不能奉獻一些愛心嗎？」

在祈使句、感嘆句、疑問句，這些傾向於指使、感嘆、懷疑的句式，一般不會表達判斷。

判斷具有兩個簡單的邏輯特徵：

第一，任何判斷必定有所斷定，即必定有所肯定或是否定。

第二，任何判斷必定有真假，即或是真的或是假的。

判斷可以分為真判斷和假判斷，一個判斷是否是實際情況的反映，二者之間是否存在本質的不同，明確這些是確定真假判斷的必要方法。

簡單判斷和複合判斷是兩種主要的判斷形式。

單一而不包括其他形式的判斷是簡單判斷，簡單判斷又包含性質判斷和關係判斷兩種形式。

判定事物之間不同屬性和不同性質的判斷是性質判斷，包括：全稱肯定判斷、全稱否定判斷、特稱肯定判斷、特稱否定判斷四種基本形式。

判定不同事物之間的關係的判斷是關係判斷，其中包括對稱關係、非對稱關係、半對稱關係。

舉例如下：

「所有商品都有價格」——全稱肯定判斷。

「任何知識都不是生來就有的」——全稱否定判斷。

「有些官員以權謀私」——特稱肯定判斷。

「有些鳥不會飛」——特稱否定判斷。

「甲是乙的同鄉」——對稱關係判斷。因為「同鄉關係」是對稱關係，也可以說「乙是甲的同鄉」。

「甲是乙的爸爸」——非對稱關係判斷。因為「父子關係」是不對稱的關係，不能說「乙是甲的爸爸」。

「甲愛乙」——半對稱關係判斷。因為「愛」可能是對稱的，也可能是不對稱的，「乙也愛甲」或是「乙不愛甲」。

與「簡單判斷」對應的是複合判斷，是指以某個或某些判斷作為其構成要素的判斷，其自身包含其他判斷。複合判斷藉助於邏輯連接詞把兩個或是兩個以上的判斷建構成一個新的判斷。

複合判斷包括：負判斷、聯言判斷、假言判斷、選言判斷等形式，舉例如下：

「並非所有產品都是商品」——負判斷：由原判斷加上否定連接詞「並非」而形成的複合判斷，是透過否定某個判斷而得到的判斷。

「企業家既創造就業機會，又創造社會財富」——聯言判斷：是指斷定幾種事物情況同時存在的判斷。聯言判斷的語言形式比較複雜，常用的邏輯詞有：而且（他知識淵博，而且多才多藝）；既……又……（他既有膽又有識，既有剛又有柔）；不僅……而且……（他不僅足智多謀，而且謹慎小心）；雖然……但是……（他雖然有專業知識，但是缺乏實踐經驗）；一方面……另一方面……（他一方面工作賺錢，另一方面複習功課）。

「只有藏富於民，才可以實現經濟的持續繁榮」；「如果公司虧損，股價就會下跌」——假言判斷：斷定事物情況之間的條件關係。條件有必要條件、充分條件、充分又必要條件三種，相應地，假言判斷也有三種。

「他要麼英俊，要麼有錢，要麼有才華」；「這個事故不是天災，就是人禍」——選言判斷：斷定在幾種可能的情況下，至少有一種情況存在的判斷。

演繹推理

所謂演繹推理，就是從一般性的前提出發，透過推導即「演繹」，得出具體陳述或個別結論的過程。

演繹推理的邏輯形式，對於人類的理性和理性思考有重要的意義，對於人類的思維保持嚴密性和一貫性有不可替代的校正作用。

演繹推理也稱為三段論推理，由一個結論和一大一小兩個前提組成，大前提是抽象得出一般性和統一性的成果，即一般原理（規律）；小前提是指從一般到個別的推理，從這個推理，然後得出結論，是指個別對象，是從普通到特殊再回到個別的推理，又稱為從規律到現象的推理。

例如：

「不法份子害怕法律制裁」——大前提。

「強姦犯是不法份子」——小前提。

「所以強姦犯害怕法律制裁」——結論。

演繹推理是科學研究和解決問題的基本思維方式。**愛因斯坦說：「理論家的工作可以分成兩步，首先是發現公理，其次是從公理推出結論。」**

歸納推理

根據一類事物的部分對象具有某種性質，推出這類事物的所有對象都具有這種性質的推理，稱為歸納推理（簡稱歸納）。

例如：直角三角形內角和是一百八十度，銳角三角形內角和是一百八十度，鈍角三角形內角和是一百八十度。直角三角形、銳角三角形、鈍角三角形是全部的三角形，所以每個三角形內角和都是一百八十度。

這個例子從直角三角形、銳角三角形、鈍角三角形內角和都是一百八十度這些個別性知識，推出「所有三角形內角和都是一百八十度」這個一般性結論，屬於歸納推理。

歸納推理包括：完全歸納法、不完全歸納法，關於三角形內角和的例子，屬於完全歸納推理。「金導電，銀導電，銅導電，鐵導電，鋁導電，所以每種金屬都導電。」由於金、銀、銅、鐵、鋁無法代表全部的金屬，因此屬於不完全歸納推理。

不完全歸納推理在現實生活中具有重大的意義。由於完全歸納推理具有一定的局限性和不可實現性，需要歸納推理的單位數量過大的時候，例如：某個鄉鎮，五千個農民在最低生活標準以下。在這個命題下，歸納者如果遵循完全歸納推理原則，就要調查五千個農民的實際情況，這是一種不實際的推理原則。

不完全歸納推理相對完全歸納推理而言，在集合中抽取少量或是具有代表性的元素，例如：某學校三年級學生成績良好。在這個命題下，歸納者如果遵循不完全歸納推理原則，可以隨機抽出三年級部分同學，透過對這些抽取的要素進行調查，就可以得出一個大概的結論，進而肯定或是否定原命題。

類比推理

兩個或是兩個以上的事物在某種屬性上相同，進而判斷它們其他的屬性是否也相同的推理，我們稱為類比推理，其邏輯結果的表達為：

A事物具有屬性a、b、c、d，（基礎範圍的特徵或是因果關係，屬於知識經驗）

B事物具有屬性a、b、c，（目標範圍的特徵或是因果關係，屬於觀察實驗）

所以，B事物可能具有屬性d。（映射：問題情景成為基礎情景的鏡像）

我們必須闡述提高類比推理結論可靠性程度的條件，因為類比推理的結論是或然性的，如下：

第一，如果先前可以確認的相同屬性越多，結論越可靠（這是從相同屬性的數量上看）。例如：發射太空梭的時候，經常會用猴子做試驗品，就是因為猴子和人類的很多屬性相同，相同屬性越多，結論越可靠。

第二，如果先前可以確認的類推屬性和相同屬性之間的關係越密切，結論越可靠（這是從相同屬性的品質上看）。

例如：中國浙江黃巖是柑橘的產地，很多美國學者去進行考察，發現黃巖的地質結構和加州相似，他們認為把黃巖的柑橘移植到加州可以獲得很高的產量，結果真的如他們所願。

這是因為柑橘的產量與自然條件之間有密切的聯繫。反之，很多人容易犯下「機械類比」的邏輯錯誤，相同屬性和類推屬性之間如果沒有任何聯繫，絕對不可以把它們當作依據。

第三，注意分析類比對象與類推屬性之間是否有排斥性，如果有不相容的屬性，不能進行類比。

歸納和演繹

從概念上說，歸納是從細節到整體的過程，是從事物的一般現象經過實踐的印證進行歸納，總結出一般結論的過程。演繹即以已有的事實為基礎，以一定邏輯思維假設，進而進行推斷結論的過程。

歸納和演繹經常共同運用在同一事物的邏輯思維中。

例如：用雞蛋碰石頭，只要石頭不發生改變，雞蛋一定會碎。經過多次這樣實驗之後，可以歸納出一個結論：相較石頭而言，雞蛋比較容易碎。

再從歸納的結論出發，可以發散進行演繹：其他不同硬度的物質碰撞石頭也會碎裂，例如玻璃。

歸納的局限性就是只能針對一個事物的某個結論，不能發散到其他事物中。歸納和演繹共同運用，可以推出多元的結論，進行思維發散和思維創新。

比較和分類

比較法

所謂比較法，就是比較事物內部之間的共同點和差異點的思維模式。

例如：可以比較台灣經濟與美國經濟的共同點，也可以比較台灣經濟與美國經濟的差異點。

比較的方式有很多，從事物的外部面貌分類有數量比較和品質比較。

例如：可以從數量上比較台灣經濟與美國經濟的總量規模和增長速度，也可以從品質上比較台灣經濟與美國經濟的生產率和失業率。

從範圍分類上，又分為結構比較和理論比較。

例如：可以比較台灣經濟與美國經濟的產業結構、經濟發展模式、資源配置方式。

一般來說，主要有三種常見的比較方法：橫向比較、縱向比較、理想類型比較。

橫向比較，就是縱觀事物之間在同一時期和同一狀態下的不同特點。

（1）可以是同性質事物之間的比較，例如：相同級別的中學之間比較。

（2）可以是不同種類事物之間按照某個參照物進行比較，例如：小學和中學每年舉辦活動的開支進行比較。

（3）可以是在一個事物內部的不同元素的比較，例如：一所高中學校的三年級和二年級進行男女生比例比較。

縱向比較，就是對同一事物或是事物之間在不同時期的不同特點，可以縱觀事物發展的歷史順序，以及不同歷史條件下的不同特點。

（1）時間是最好的尺規，不僅是不同時期的比較，例如：某個學生在一年中的身高曲線圖。

（2）也是同一時期不同階段的比較，例如：這個學生青春期每年的身高曲線圖。

這個方法比較明顯地揭示事物發展的趨勢，容易從其他形態中區分出來。

理想類型比較，就是從具體獨特的現象中抽取一些主要性質，捨棄其他性質而建立的典型或標本。例如：西方學者韋伯把新教倫理解釋為資本主義產生的原因，是在將新教與東方宗教進行比較以後提出。

理想類型比較的優點是：可以在非常複雜的事物之間建立比較關係，發現比較隱秘的共同點和差異點，缺點是：捨棄其他特徵和性質，得出的結論不一定準確、全面、客觀。

如何進行正確的比較？簡言之，就是要建立統一的標準。無論是橫向比較、縱向比較、理想類型比較，只有建立統一的標準，才可以在事物內部以及事物之間發現意想不到的共同點和差異點，才可以更接近對事物的客觀認識。

對於表面看似不同的事物，一定要特別小心，注意它們之間的共同本質。對於表面看似相同的事物，就要注意它們之間細微的差異。透過比較，做到異中求同，同中求異。

分類法

所謂分類法，就是按照事物之間的相互關係，進行分類或分組，形成一個系統化的結構。分類是我們面對複雜事物的時候，化繁為簡和理清思路的重要方法。

如果你是一個老闆，面對倉庫中的商品，想要把它們賣出去。這個時候，可以先進行分類：

（1）暢銷品：每天大量銷售的商品。

（2）平銷品：每天正常銷售的商品。

（3）慢銷品：每天的銷售低於正常數量的商品。

（4）滯銷品：無法銷售出去的商品。

分類之後，就可以有針對性地制定銷售策略，例如：打折促銷、贈送禮品。

科學地分類，必須遵循嚴謹的規則：

第一，縱觀全域，針對事物制定分類標準。

分類標準必須統一，例如：按照性別，可以分為男人和女人；按照年齡，可以分為老人、青年、兒童。如果分為男人、女人、老人、兒童，就是分類的大忌，因為不能把不同標準的分類放在一個類目下。

第二，分類標準應該相互獨立、互不干擾，不能相互替代或是相互包含。

第三，分類標準應該逐級把握，不能跨級分類。如果跨級分類，就會變得不倫不類。

第四，分類的時候，子項不能大於或是小於母項，子項總和必須等於母項，否則就會犯下「子項過多」或是「子項不全」的錯誤。

母項就是分類的對象，子項就是母項之下的各個類目，舉例如下：

按照年齡，將人們分為老人和兒童——犯了「子項不全」的錯誤，子項總和小於母項。

把直系親屬分為：父母、子女、配偶、兄弟姐妹、叔伯嬸姨——犯了「子項過多」的錯誤，子項總和大於母項，因為法律上的直系親屬只包括父母、子女、配偶。

分類與比較的關係

人類認識事物的第一步，就是把事物與其他事物之間的差異點取出，把共同點進行歸合統一，就可以區別其他事物。所以，比較就成為前提，分類就成為比較的結果。

人類認識事物的第二步，就是把新興事物劃分到某個類別之後。這個過程要經過全面而深入的比較，才可以分析不同類別事物的本質和特點。這個時候，比較就是分類的結果。

分析和綜合

分析法

分析就是把一件事情、一種現象、一個概念分為簡單的組成部分，找出這些部分的本質屬性和彼此之間的關係。

分析的意義在於：細緻尋找可以解決問題的主線，並且以此解決問題。

一般來說，分析的步驟有以下三個：

（1）把研究對象看作一個整體，並且分解為各個部分。

（2）對各個部分進行分析。

（3）對各個部分在整體中產生的作用進行分析，並且找出關聯性。

分析的方法在不同的學科中都有其規範，以下介紹四種最常見的方法：

（1）根據屬性進行分析，即對研究對象進行「質」的分析。運用歸納和演繹、分析和綜合、抽象和概括等方法，對獲得的各種資料進行思維加工，進而去粗取精、去偽存真、由此及彼、由表及裡，認識事物本質以及揭示內在規律。

（2）根據數量進行分析，即對現象的數量特徵、數量關係、數量變化的分析。定量分析作為一種古已有之但是沒有被準確定位的思維方式，其優勢相對於定性分析很明顯，把事物定義在人類可以理解的範圍，由量而定性。

（3）因果分析。要注意因果對應，任何結果由一定的原因引起，一定的原因產生一定的結果。因果分析是根據事物之間的因果聯繫，透過分析事理，揭示事物本質以及事物之間的因果關係，證明事物發展趨勢的論證方法。

（4）系統分析。從系統需求入手，從單元觀點出發建立系統模型，系統模型從概念上全方位表達系統需求以及系統與單元的相互關係。系統分析在單元模型的基礎上，建立適應性強的獨立於系統實現環境的邏輯結構。

綜合法

把分析以後的對象或現象的各個部分和各個屬性聯合為統一的整體，與「分析」是相對的。

綜合法不是把各個部分進行簡單的拼接組合，而是縱觀整體的每個部分之後，對本質和因素之間的聯結，透過各個內部之間的聯繫，從整體上綜合事物內部聯繫的方法，其要求是透過整體掌握事物部分的各個屬性，在這個基礎上，聯繫部分加以補充概括，再現事物整體。

例如：哺乳類動物是主要的動物組成部分，我們想要理解，就要進行分類研究，將其分為原獸亞綱和獸亞綱，透過恆溫習性等元素去分門別類研究。

分析與綜合的關係

我們先來認識分析和綜合的區別：

分析就是把事物的整體或過程分解為各個要素，分別加以研究的思維方法和思考過程。只有對各個要素先做出周密分析，才可以從整體上進行正確綜合，進而真正認識事物。

綜合就是把分解的各個要素結合起來，組成一個整體的思維方法和思考過程。只有對各個要素從內在聯繫上加以綜合，才可以正確認識事物整體。分析與綜合是統一的思維方法，我們既要注意在綜合指導下的深入分析，又要注意在分析基礎上的綜合。

分析與綜合密不可分。

首先，兩者都為彼此做鋪墊。

分析和綜合是兩個完全相反的思維方法，一個是由多到少的過程，一個是由少到多的過程。例如：在認識某個藥品的真正醫療作用的時候，我們只有把組成部分逐步分析之後，才可以認識到其醫療作用。

其實，這樣簡單的認識無法真正反映事物的本質，只是一個側面或是一種聯繫。只有再次或是多次運用分析和綜合思維，才可以透過現象看到事物的本質。

分析和綜合是互相依存而不能分割的兩個思維方法。

分析是綜合的前提和基礎，在思維論證的過程也同樣適宜。隨著事物的發展，我們必須透過實踐，驗證事物的正確性，就是一個不斷綜合和分析的過程。所以，綜合為分析打下基礎，分析為綜合進行論證。

其次，兩者相互統一和輔佐。

任何事物在發展的過程中，都會經過分析綜合這個步驟得以存在。所以在人類認識事物中，不能只停留於表象，或是只知道結論而不加以發展。

換句話說，沒有分析，任何意義上的綜合都不能稱為綜合。相反地，沒有綜合，思維就會停滯不前，無法得到事物內部之間的聯繫。

最後，兩者可以互相轉化。

從感性認識上升到理性認識，從事物現象上升到事物本質，其過程無法脫離分析和綜合。分析事物本質的最終，就是一個建立理論綜合的過程。如果在綜合過程中，隨著研究的深入，必然會遇到衝突，就要分析進行解決。所以，認識事物的整個過程，就是分析綜合以及再分析綜合的過程。

語意預設

預設是邏輯學中的一個術語，語意預設是判斷一個命題是真命題還是假命題的前提條件，無論是要確認還是否定這個命題都要提前做出的假設。

說話者說出一句話的時候，有些條件一定要雙方都知道才會適當的時候，就要在說出這句話之前進行語意預設。由於在日常交際生活中，交談在特定的語境中進行，交談的雙方具有共同的背景，所以沒有必要把所有前提全部列出。

判斷哪些前提是否需要列出，就要看省略這些前提是否會引起交談雙方的推理錯誤。但是有可能出現這樣的情況，這些前提本身就存在邏輯錯誤，所以省略還是不省略，都會引起錯誤。

這個時候，就要把所有前提列出，判定這些前提是否真實。也就是說，對說話者的預設進行推理判斷，確認是否合理。

有時候，省略前提會導致說話者的話語不夠充分有力。這個時候，就要把前提再次強調，支持說話者的語句，或是論證說話者語句的正確性。這種情況，往往是前提與話語存在某種因果關係。

舉例如下：

A、B兩個人談論公司某個同事。

A.他是福特公司最能幹的部門經理。

B.怎麼可能？他平時開的是一輛日本車。

請問，B的判斷是建立在哪種預設之下？

1.日本車現在很受歡迎，佔領國際市場。

2.這輛日本車的性能非常優異，才會吸引公司的部門經理。

3.公司的部門經理應該使用自己公司的產品，不應該買其他公司的車。

4.他開的那輛日本車，是福特公司在日本的合資企業生產的。

【解題分析】

福特公司是世界著名的汽車生產公司，作為公司的員工，應該維護和樹立公司的形象，更何況是公司的部門經理。

作為一個部門經理，如果不開自己公司的車，很容易讓人產生聯想：福特公司的經理不喜歡自己公司的車。所以，B的結論應該是建立在3的預設下，其他的預設不會導致B得到這樣的結論。

母親要求兒子努力學英語，兒子說：「我長大以後不想當翻譯，為什麼要學英語？」

以下哪個選項，是兒子的回答中包含的前提？

A.要當翻譯，就要學英語。

B.要當翻譯，才要學英語。

C.當翻譯沒有什麼意思。

D.學英語才可以當翻譯。

E.學英語不一定可以當翻譯。

【解題分析】B。選項C只是反映兒子對翻譯的態度，可以直接排除。選項E說明「學英語」不是「當翻譯」的充分條件，但是無法說明「當翻譯」是「學英語」的必要條件，所以排除。選項A和D也排除，因為這兩個選項中，「當翻譯」是「學英語」的充分條件，不一定必要，不當翻譯也可以學英語。

王大媽上街買東西，看見一個地方圍了一群人，湊過去一看，原來是量血壓的宣傳。王大媽轉身就要離開，一位年輕的護士叫住她，「讓我幫你量血壓吧？」王大媽連忙揮手說：「我又不胖，算了吧！」

根據以上資訊，下列哪個選項可能是王大媽的回答隱含的前提？

A.只有高血壓的人才要量血壓。

B.只有肥胖的人才要量血壓。

C.雖然量血壓是免費的，可是開藥方就會收錢。

D.你們這麼忙，先給肥胖的人量血壓。

【解題分析】B。王大媽的回答中，隱含的前提是「只有肥胖的人才要量血壓」。

第四章

培養邏輯腦——邏輯思維的訓練

邏輯思維是人們在認識過程中，藉助於概念、判斷、推理等思維形式，主動反映客觀現實的理性認識過程，又稱為理論思維。

如何培養這種思維？

本章介紹訓練邏輯思維的幾種有效方法，並且配合例子和題目進行講解。

排除法

所謂排除法，就是找出與題幹意義不同的選項加以排除，或是找出與題幹意義相同的選項加以排除，進而獲得正確答案的方法。

排除法的提問方式一般表現為：

「與題幹意義相同的選項有哪些？」

「與題幹意義不同的選項有哪些？」

「以下哪個選項，可以反映這個問題？」

「以下哪個選項，可以表現這個論點？」

排除法可以運用到任何一個問題上，在解決邏輯問題的時候，也可以選擇排除法進行解答。我們可以把排除法的本質稱為「用已知求未知」。在不同的選項中，根據題幹得到已知條件，排除與題幹相同的條件，可以得到未知條件。同理，題幹中給出已知條件，找出與題幹不同的條件加以排除，可以得到最終答案。

運用排除法解決問題的案例，列舉如下：

甲市的報紙銷售量多於乙市。因此，甲市的居民比乙市的居民知道世界上發生的事情更多。

下列選項中，除了哪個選項以外，都可以減弱上述論斷：

A.甲市的居民比乙市的居民多。

B.乙市的絕大多數居民在甲市工作，並且在那裡買報紙。

C.甲市居民的平均看報時間比乙市居民的平均看報時間少。

D.一種乙市報紙報導的內容，局限於甲市以內的新聞。

E.甲市的報紙售價低於乙市的報紙售價。

【解題分析】

正確答案：E。甲市的報紙銷售量多，是因為人口多，甲市的居民比乙市的居民知道世界上發生的事情更多。由此可以判斷A可以減弱論斷，所以A不是正確答案。繼續使用排除法，B、C、D也是減弱題幹的論斷，因此以上四個選項都可以排除。

由此，我們來分析E。甲市的報紙售價低於乙市的報紙售價，可以說明這是銷售量高的原因，但是無法減弱題幹所說「甲市的居民比乙市的居民知道世界上發生的事情更多」。

關於選擇部門主管的方案，公司董事有不同意見：

甲：如果不選擇張經理，就不選擇劉經理。
乙：如果不選擇劉經理，就選擇張經理。
丙：要麼選擇張經理，要麼選擇王經理。
下列選項中，同時滿足甲、乙、丙三人意見的方案是：
A.選擇張經理，不選擇劉經理。
B.選擇劉經理，不選擇張經理。
C.兩人都選擇。
D.兩人都不選擇。
E.不存在這樣的方案。
【解題分析】
正確答案：A。E顯然不能成立，D與乙和丙矛盾，C與丙矛盾，B與甲矛盾，透過排除法得出A為正確答案。

某屆「金馬獎」評選結束，甲導演拍攝的《黃河頌》獲得最佳導演獎，乙導演拍攝的《孫悟空》獲得最佳美術獎，丙導演拍攝的《白娘子》獲得最佳配樂獎。典禮結束以後，甲導演說：「真是有趣，我們三個人的姓，分別是三部電影的第一個字。我們三個人的姓，又與自己拍攝電影的第一個字不同。」

這個時候，一個姓孫的導演說：「真的是這樣！」

根據以上題幹，這三部電影的導演各姓什麼？

A.甲導演姓孫，乙導演姓白，丙導演姓黃。

B.甲導演姓白，乙導演姓黃，丙導演姓孫。

C.甲導演姓孫，乙導演姓黃，丙導演姓白。

D.甲導演姓白，乙導演姓孫，丙導演姓黃。

E.甲導演姓黃，乙導演姓白，丙導演姓孫。

【解題分析】

正確答案：B。採用排除法，E可以排除，因為三個人的姓與自己拍攝電影的第一個字不同，所以甲導演不可能姓黃。

同理，D和C也可以排除。甲導演說有趣的時候，來了一個孫導演，也就是說，甲導演不可能姓黃，也不可能姓孫，所以甲導演姓白，於是A也被排除，最後只剩下B為正確答案。

遞推法

遞推法是一種增進式的求解方法，也就是說，我們由原本的思路追根究底，利用問題本身具有的遞推關係得到答案。

這種方法的關鍵在於：可以抓住一些細節，促進原本的思路，就像建造金字塔一樣，根據金字塔的走向，將金字塔累積到頂端。這種探索的方式，是逐步地向前思考，也就是說，我們不僅會在最後得到一個答案，而且過程中的每個步驟也瞭若指掌。

在探索事物的過程中，每個事物的原因、結果、表象、本質都要分析。在分析的過程中，也許會出現許多分支，這個時候，應該秉承先易後難的原則，逐步分析，最終找到答案。

這種由已知向下分析找未知、由原因找結果、由表象發掘本質的方法，可以確保每個步驟盡在掌握。在每個步驟準確無誤的前提下，我們將會獲得準確的答案和整個過程的清晰脈絡。

但是在遞推法中需要注意的是：某些推理可能只有一些可以使結論成立的必要條件，但是結論的成立可能依賴於更多的條件，只有找到所有的必要條件，才可以構成充分條件，進而推導出推理的結論。

由此我們知道，只有找到所有影響結果的原因，才可以得到確切的結果，反之亦然。

如何運用遞推法解決問題？舉例如下：

如果小明喜歡足球運動，就要去足球學校；如果他不喜歡足球運動，可以成為足球教練員；如果他不去足球學校，無法成為足球教練員。

我們根據這個題型進行推斷：

A.不喜歡足球運動。

B.成為足球教練員。

C.不去足球學校。

D.去足球學校。

E.不成為足球教練員。

【解題分析】

正確答案：D。這是一個複合命題推理的題型，其解題方法是將推理關係記在紙上，透過遞推，即可找到答案。根據本題題幹，可以得出以下推理關係：

喜歡足球運動→去足球學校 a

不喜歡足球運動→可以成為足球教練員 b

不去足球學校→無法成為足球教練員 c

因此，c等價於其逆否命題：可以成為足球教練員→去足球學校 d

由b和d可以得出e，不喜歡足球運動→去足球學校，所以由a和e，無論小明是否喜歡足球運動，都要去足球學校。

兩個汽水瓶可以換一瓶汽水，一瓶汽水一元，如果你有二十元，最多可以喝到幾瓶汽水？

【解題分析】

這類問題的最好解法是使用遞推法，也就是自始至終逐步推導。

二十元可以買到二十瓶汽水，二十個瓶子可以換到十瓶汽水，十個瓶子又可以換到五瓶汽水，五個瓶子可以換到兩瓶汽水，兩個瓶子又可以換到一瓶汽水，一個瓶子加上之前的一個瓶子可以換到一瓶汽水，最多可以喝到三十九瓶汽水。

從前，一個監獄裡有六十四個罪犯。有一天，國王心情很好，決定釋放一人。但是要釋放誰？國王想出一個方法：所有人編號，圍成一圈，從一開始數，然後是三號、五號、七號……數到的人站出來，剩下的人繼續數，直到最後一個人，就把他放了。一個聰明的罪犯故意站到一個適合的位置上，最後他被釋放了。你知道他站在幾號嗎？

【解題分析】

我們這樣進行分析：數到單數的站出來，一輪下來，剩下的都是偶數。由此推論他是偶數的最後一個，即六十四號。

假設法

假設法是一種研究問題的重要方法，也是一種創造性思維活動。

假設法就像是為自己指出一條道路，像茫茫大海中的燈塔。也就是說，我們先假定那裡有一個燈塔，然後根據已知的條件向這個燈塔前進。如果在行進的過程中，我們發現方向與已知的條件發生衝突，這個假設就是錯誤的，如果一致，這個假設就會成立。

這種假設的方法不是隨便猜測，而是在已知的基礎上對未知的初步判定，很多科學理論和實驗都是應用這個方法而獲得成功。

如何運用假設法解決問題？舉例如下：

三位專家對三家上市公司進行預測。

甲說：「公司一的市值會上升，但是不能期望太高。」

乙說：「公司二的市值可能下跌，除非公司一的市值上升超過五％。」

丙說：「如果公司二的市值上升，公司三的市值也會上升。」

三位專家果然厲害，一天以後的事實證明他們的預測正確，而且公司三的市值下跌。以下哪個敘述最有可能是那天市值變動的情況？

A.公司一市值上升九％，公司二市值上升四％。

B.公司一市值上升七％，公司二市值下跌三％。

C.公司一市值上升四％，公司二市值持平。

D.公司一市值上升五％，公司二市值上升二％。

E.公司一市值上升二％，公司二市值上升。

【解題分析】

正確答案：C。先假設C為真，公司一市值上升四％，沒有超過乙預測的超過五％，所以公司二市值下跌。這裡只是說可能，表示有下跌的可能，不是非常肯定。

社區舉辦一次象棋比賽，有十位民眾參加，比賽採用單循環制，每位參賽者都要與其他九位參賽者比賽一局。

比賽規則為：在每局棋中，勝者得兩分，負者得〇分，平局各得一分。

比賽結束以後，十位參賽者的得分各不相同，已知：第一名和第二名沒有輸過任何一局，前兩名的得分總和比第三名多出二十分，第四名的得分與最後四名的得分總和相等。

第五名的得分是：

A.八分

B.九分

C.十分

D.十一分

【解題分析】

正確答案：C。

由題目可知，每場比賽產生的分數是兩分。計算得知，比賽總共進行四十五場，因此產生的分數總值是九十分。

假設一個人全部贏，最高分數是十八分。由題幹一得知，第一名和第二名沒有輸過，可以推斷出第一名最少有一次和棋，第一名最多十七分，第二名十六分。

再根據題幹二，前兩名的得分總和比第三名高出二十分，所以第三名最多十三

	第一名	第二名	第三名	第四名	第五名	第六名	後四名
假設一	17	16	16	11	得分總和22		11
假設二	16	15	11	10	得分總和28		10

分。假設第四名十二分，第七、八、九、十名的得分總和十二分。第五名十一分，第六名九分。因此，答案選D。

為什麼假設第四名十二分，因為其他假設都是錯誤的，如下表所示：

在假設一中，假設第四名十一分，第五名和第六名的得分總和二十二分。由於它們各自的分數一定小於十一，所以它們的得分總和不可能二十二分，推翻假設一。

同理，也可以推翻假設二。

希吉、里克、伊凡、康奇因為一起謀殺案而被警方審訊，他們的口供如下：

希吉：「是里克幹的。」

里克：「是康奇幹的。」

伊凡：「我沒有殺人。」

康奇：「里克在說謊。」

這四個人之中，只有一個人說真話，到底誰是凶手？

【解題分析】

假設希吉說的是真話，里克就是凶手，伊凡又說：「我沒有殺人。」根據假設可知，他說的是假話，表示他是凶手，與希吉說的「是里克幹的」矛盾，所以希吉說的是假話。如果里克說的是真話，還是與伊凡說的「我沒有殺人」矛盾。如果伊凡說的是真話，里克和康奇的話又是矛盾的，所以只有康奇說的是真話。結論就是：伊凡是凶手，說真話的是康奇。

倒推法

倒推法是從問題的結果出發，利用已知條件向後推理，直到求得問題答案的方法。

一件事情從開始到結果，經歷複雜的變化，會讓我們在推理的時候不知所措，但是有時候我們可以選擇一種逆向思維，就是由結果向開始推理。

人們雖然比較習慣於正向推導，但是有些問題即使可以使用正向推導，得出的結論不一定是正確的。

倒推法採用的逆向思維，很大程度上可以幫助我們改變傳統思維，站在不同的角度看待問題。

如何運用倒推法解決問題？舉例如下：

五個海盜分別抽籤排出一～五的順序，依照順序提出如何分一百個金幣的方案。但是方案必須由大多數人同意才可以通過，否則會被扔進海裡餵魚，剩下的人繼續分金幣。

一號要提出什麼方案，才可以獲得最多的金幣，又可以保住自己的性命？

【解題分析】

這個時候，我們採用倒推法最合理。

我們由五號開始，無論前面的人提出什麼方案，五號都會反對，因為前面的人被扔進海裡，五號就可以獨得一百個金幣。

四號也明白五號的意圖，四號只有支持三號才可以保命。三號會一直反對，直到自己提出方案，因為最後只剩下三個人，而且四號為了保命，必須支持三號，因此三號可以提出自己獨得一百個金幣的方案。

二號會放棄三號，給四號和五號一個金幣，自己得到九十八個金幣，四號和五號不得不支持他。

一號會放棄二號，給三號一個金幣，四號或是五號兩個金幣，自己得到九十七個金幣。

這樣一來，二號不會同意，三號會同意，四號或是五號誰得到金幣，誰就會同意，再加上一號自己的一票。一號的方案得以通過，獲得最多的金幣。

一個守財奴有一袋金幣，他每天都要數一遍，看看數量是否正確。他數金幣的方法與眾不同：分別按照兩個一數、三個一數、四個一數、五個一數、六個一數，每次數完以後，都會剩下一個。最後，再按照七個一數，這次一個也不剩。請問，這個守財奴至少有多少金幣？

【解題分析】

我們可以先找出二、三、四、五、六的最小公倍數六十，然後找出一個比六十的倍數大一的數字，這個數字還是七的倍數。試試60n＋1，因為60n＋1可以分解為56n＋4n＋1，其中56n可以被七整除，因此只要4n＋1可以被七整除就可以，這樣可以得知n＝5，金幣數量為60×5＋1＝301個。

某個村子有五十戶人家，每家都有一隻狗。但是有些狗染上狂犬病，於是全村決定獵殺瘋狗，規則如下：

只有確定為瘋狗的狗才可以殺。

殺瘋狗的時候用獵槍，全村都可以聽到，而且村民沒有聾子。

每戶人家只能看到別人家的狗是否為瘋狗。

每戶人家只能殺自己的狗，即使知道別人家的狗是瘋狗也不能殺。

即使知道別人家的狗是瘋狗也不能說。

每個人每天觀察別人家的狗是否為瘋狗。

由此，第一天沒有槍聲，第二天也沒有槍聲，第三天響起一片槍聲。

第三天殺死幾隻瘋狗？

A.三隻
B.五十隻
C.一隻
D.四十九隻

【解題分析】

正確答案：A。

採用倒推法最容易解答。假如有一隻瘋狗，第一天就會有槍聲，因為有瘋狗的人家觀察到別人家沒有瘋狗，一定是自己的狗。

如果有兩隻瘋狗，第一天沒有槍聲，這個時候知道除了別人家的狗之外，還有一隻瘋狗是自己家的。

所以，第二天會響起兩聲槍聲。但是題幹中提到第二天沒有槍聲，以此類推，第三天會響起三聲槍聲。

正確答案為A。

如果採用排除法，就會首先排除答案B和D。

有十個探險隊員，每個隊員都有一個工作箱。由於工作關係，工作箱不能集中管理，但是每個人的工作箱裡可能有別人需要的資料。一天，這十個人分別去十個不同的地方探險。臨行以前，隊長對他們說：「在外出探險期間，我們不可能一起回來，如果有人需要回來查看資料就會很困難。現在，每個人都有兩把打開自己工作箱的鑰匙，怎樣才可以使任何一個人回來都可以打開任何一個工作箱？」

【解題分析】

每個人拿一把自己工作箱的鑰匙，然後將十個人和十個工作箱進行編號，把另一把一號箱的鑰匙放在二號箱，把二號箱的鑰匙放在三號箱，依次類推，最後把十號箱的鑰匙放在一號箱。每個人回來，只要打開自己的工作箱，就可以拿到下一個工作箱的鑰匙，用鑰匙打開下一個工作箱……這樣一來，就可以打開所有工作箱。

分析法

分析法，即透過對事物的原因或結果的周密分析，進而證明論點的正確性和合理性的論證方法，也稱為因果分析。

分析法是一個基本的方法，適用於其他方法的使用過程中。我們也可以說，分析能力的高低取決於一個人的智力程度，但是這種能力不是天生的，而是經過後天訓練而逐漸形成。

有時候，我們需要做的就是：透過事物的原因或結果進行周密的分析，進而證明論點的正確和合理。我們需要足夠的細心和周密的思維，分析某個事物的時候，找出其產生和發展的來龍去脈，需要縝密的思維來加以確定。

這種後天的訓練，表現在日常生活中對客觀事物進行分析的良好習慣。

分析法的首要關鍵是：可以在思維中將客觀事物進行分解，進而使得每個要素和每個方面獨立存在，然後進行考察分析，有利於我們瞭解全部細節。一般分為兩個步驟：分解客觀事物，以及對分解出來的客觀事物進行考察分析。

分析法可以成為我們認識客觀事物的重要思想，就是因為我們看到的客觀事物是由各個不同的部分組合而成。這樣一來，呈現在我們面前的是籠統、含糊、直觀的事物，無法瞭解其本質。就像一個培養皿中的物體，如果我們不用顯微鏡去觀察，只憑我們的肉眼，永遠不知道這個物體的實質是什麼。所以，分析法就像一個顯微鏡，把問題細節化和簡單化，我們可以很容易地找到事物的本質，對它進行更深刻的思考。

使用分析法應該注意的問題有：首先，分析是建立在客觀的基礎上，否則分析毫無作用。其次，分析不只是單一方面，分解客觀事物而得出的部分，它們有不同的屬性，我們可以根據不同的屬性，從許多方面進行分析。最後，分析應該有縱深，要從很多層次進行分析。

如何運用分析法解決問題？舉例如下：

一個人花八元買了一隻雞，以九元賣掉。後來，他覺得不划算，又用十元買回來，以十一元賣給另一個人。請問，他賺了多少錢？

【解題分析】

這個問題看起來很複雜，其實很簡單。只要把它當作兩次交易：第一次八元買入九元賣出，賺了一元；第二次十元買入十一元賣出，賺了一元。由此看來，他賺了兩元。

一個裝了很多水的水缸裡有一個塑膠盆，塑膠盆中有一個鐵球。如果把這個鐵球從塑膠盆中取出來直接放進水缸裡，水缸的水面會上升還是下降？

【解題分析】

水面當然會下降。因為鐵的比重大於水，鐵球放在塑膠盆中的時候，排走的水量等於鐵球的重量，體積大約為鐵球體積的七・八倍，鐵球在水中可以排走的水量等於鐵球的體積，所以水面會下降。

作圖法

作圖法是一種比較直接的方法，就是把自己知道的條件畫在一張圖或是表格上。這樣一來，問題條件之間的關係，就可以一目瞭然，對於解決問題來說，可以算是輕而易舉。作圖法特別適用於集合型的邏輯題目。

如何運用作圖法解決問題？舉例如下：

愛斯基摩土著人都穿黑衣服，北婆羅洲土著人都穿白衣服，沒有人既穿黑衣服又穿白衣服，H穿白衣服。根據以上敘述，下列哪個判斷為真？

A.H是北婆羅洲土著人。
B.H不是愛斯基摩土著人。
C.H不是北婆羅洲土著人。
D.H是愛斯基摩土著人。
E.H不是愛斯基摩土著人，也不是北婆羅洲土著人。

【解題分析】

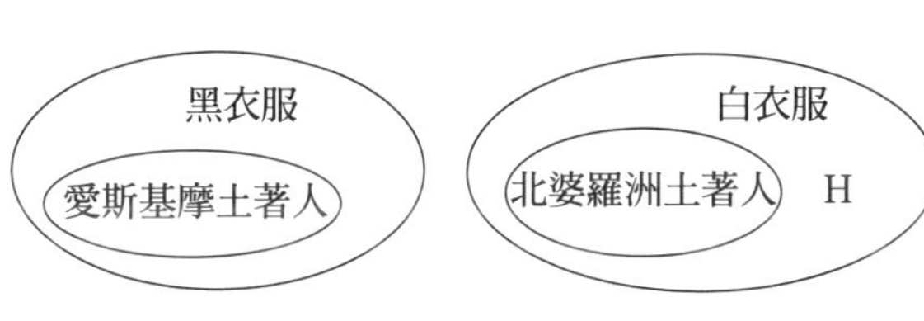

正確答案：B。畫出一個圖形比較具體，有利於解題。

這個時候我們發現，愛斯基摩土著人是穿黑衣服的子集，北婆羅洲土著人是穿白衣服的子集。題目中提到，沒有穿黑衣服又穿白衣服的人，就表示在圖中，兩個全集沒有交集，H是在穿白衣服的全集中。

A顯然不對，因為除了題目中涉及的兩種人以外，還有其他穿白衣服的人。由圖可以發現，C、D完全不符合要求。E顯得有些狹隘，因為H有可能是北婆羅洲土著人。所以選擇B最正確。

一次期中考試，老師將成績分為甲乙丙三個等級。現在知道四個學生的成績，有一人三科成績都是甲；有一人某科成績是甲，某科成績是乙，某科成績是丙；有兩人兩個相同科目的成績都是甲；國文成績中沒有乙；阿華和蕾蕾的數學成績相同；小倩的數學成績和蕾蕾的英語成績相同；大宇成績中有一科是丙；阿華和大宇的數學成績相同。這四個人的各科成績分別為什麼等級？

【解題分析】

這個題目比較複雜，要綜合運用假設法和作圖法來解答。

假設一：蕾蕾的三科成績都是甲。根據題幹的資訊，可以得到下表：

	國文	數學	英語
小倩		甲	
大宇		甲	
阿華		甲	
蕾蕾	甲	甲	甲

下表空白處的可能成績，要符合四個條件：（1）國文成績不能為乙；（2）大宇有一科成績是丙；（3）有一人某科成績是甲，某科成績是乙，某科成績是丙；（4）有兩人兩個相同科目的成績都是甲。你會發現這是不可能的，因此推翻假設一。

假設二：阿華的三科成績都是甲。根據題幹的資訊，可以得到上表：

上表空白處的可能成績，要符合五個條件：（1）國文成績不能為乙；（2）大宇有一科成績是丙；（3）有一人某科成績是甲，某科成績是乙，某科成績是丙；（4）有兩人兩個相同科目的成績都是甲；（5）小倩的數學成績和蕾蕾的英語成績相同。你會發現這是可能的，如下表所示：

有沒有其他的可能？讀者可以繼續假設並且分析，最後會發現其他假設無法成立。

	國文	數學	英語
小倩			
大宇		甲	
阿華	甲	甲	甲
蕾蕾		甲	

	國文	數學	英語
小倩	丙	乙	丙
大宇	丙	甲	乙
阿華	甲	甲	甲
蕾蕾	甲	甲	乙

類比法

類比法是將一類事物的某些相同方面進行比較，以另一事物的正確或謬誤，證明這個事物正確或謬誤的方法。

例如：我們熟知的富蘭克林風箏實驗，正是富蘭克林使用類比法進行推理以後的產物。他將天空的閃電和地上的電火花進行比較，發現它們的特徵非常類似；不僅發出同樣顏色的光，而且快速不規則的運動，可以射殺動物，易燃易爆……正是透過這樣的類比，富蘭克林以電機導線，把天空的閃電引導下來。

A事物有屬性a、b、c，又有屬性d，

B事物有屬性a、b、c，

所以，B也有屬性d。

類比分為不同的類型，我們可以按照不同的標準，對類比法進行分類。

根據對象系統之間的關係具有的形態，從低級到高級，把類比分為簡單共存類比、因果類比、對稱類比、協變類比、綜合類比等類型。

按照類比系統中模型的種類，把類比分為物理類比、數學類比、控制系統類比。

兩個對象之間的類似、相互聯繫、相互制約是類比方法的基礎，但是不表示類似一定有聯繫；為什麼要提到相互聯繫和相互制約，因為在兩個對象之間不僅存在相似性，同時也存在差異性，可能是兩個對象的固有屬性，也可能是兩個對象的偶有屬性。

在一定程度上說，類比推論是一種或然推論，其結論不是絕對的。

為了可以在運用這個方法的時候得到最確定的結論，最好找尋兩個對象更多的共同屬性，同時被比較對象的共同屬性是這些對象中最典型的，與它們的特殊屬性密切聯繫的屬性；任意選擇進行比較的屬性應該具有多樣性，而且越是其屬性本質的越好，共同屬性與類推屬性越是相關的越好。

以下是訓練類比思維的題目，請選出與題幹接近的選項：

陽光：紫外線

A.電腦：輻射　B.海水：氯化鈉

C.混合物：元素　D.微波爐：微波

【解題分析】

陽光與紫外線以及海水與氯化鈉的關係都是整體與組成部分的關係，所以選出答案為B。

水：溫柔

A.熱情：火　B.火山：變化

C.土：敦厚　D.木：繁茂

【解題分析】

題幹是名詞與形容詞的組合，因此可以排除A和B。溫柔是對水的褒義描述，繁茂是對木的中性描述，因此排除D選出C。

堅定：信念

A.統一：思想　B.持續：發展

C.金融：工具　D.平原：草叢

【解題分析】

題幹是動詞和名詞的組合，選項中動詞和名詞的組合可以直接選出A。

考試：學生：成績

A.往來：線民：電子郵件　B.汽車：司機：駕駛執照

C.工作：員工：薪資待遇　D.飯菜：廚師：色鮮味美

【解題分析】

透過分析，我們可以知道「學生透過考試獲得成績」，因此類比可得「員工透過工作獲得薪資待遇」，進而得出答案為C。

根據「雜誌對於（ ），相當於（ ）對於農民」來填空

A.報紙 果農　B.媒體 農業

C.書刊 農村　D.編輯 菠菜

【解題分析】

透過逐項代入，我們發現「雜誌對於編輯，相當於菠菜對於農民」。兩者之間都是「產品和生產者」之間的關係，因此答案是D。

（ ）對於行動，相當於（ ）對於航行

A.目標 燈塔　B.信心 風帆

C.激情 桅杆　D.毅力 水手

【解題分析】

選A，造句「行動朝向目標」，「航行朝向燈塔」。

綜合法

綜合法是分析法的增進，就是在分析法中將客觀事物的各個部分進行考察以後，最後再使用綜合法將它們綜合起來，從宏觀角度對問題進行整體思考，這種方法可以確保我們在微觀與宏觀中保持正確性。

綜合法一般包括兩個步驟：聯合和整體考察。也就是說，先把分解以後的各個部分聯合為一個整體，然後在這個整體上進行全面考察。

任何的客觀事物都是由各個部分構成的統一整體，想要全面而完整地認識事物，就要在分析的基礎上加以綜合。

分析不是最終目的，而是一種深入瞭解的方法。只有清楚地認識每個部分，我們在整體考察的時候，才可以把握更深刻的問題關鍵。

與分析法一樣，在綜合法中，也有幾個應該注意的原則：

首先，必須承認事物是客觀的，而不是主觀臆想的。

其次，雖然我們考察的是整體，但是也要找到內在和本質的所在。

最後，既然是綜合考察，必須是全面而多角度的考察，而不是單一的線性考察。

舉例如下：

主管問：「河道被冰雪封住，如何提前通航？」

小王說：「我的方法必須依靠陽光！」

小王提出什麼方法，可以使河道提前通航？

【解題分析】

在河道上撒煤粉或黑土，因為黑色物體可以吸收更多熱能，冰雪就會早日融化。

每天上午，有一艘客輪從甲地開往乙地，而且在同一時間屬於同一個公司都有一艘客輪從乙地開往甲地，客輪行駛一趟需要七天七夜。請問：今天上午從甲地開出的客輪，會遇到幾艘從對面開過來而且屬於同一個公司的客輪？

【解題分析】

從甲地開往乙地的客輪，除了在海上會遇到十三艘客輪以外，還會遇到兩艘客輪：一艘是在開航的時候遇到，另一艘是到達乙地的時候遇到，所以總共會遇到十五艘客輪。

一個瞎子走進一家肉店想要買肉，叫了幾聲卻無人回答。他知道沒有人，就伸手在桌子上亂摸，摸到四個一元的硬幣。他把硬幣放進口袋裡，然後就要走出肉店。店主從屋內走出來看到了，立刻抓住瞎子，要他把錢拿出來。瞎子大喊：「天啊，欺負我是瞎子，想要搶我的錢啊！」這個時候，你正好來這裡買肉，瞎子和店主請你評理，怎樣才可以證明瞎子口袋裡的四個硬幣是偷來的？

【解題分析】

請店主端來一盆水，讓瞎子把四個硬幣放進水裡。硬幣放進水裡以後，如果水面浮起油脂，就可以證明錢是店主的。

計算法

邏輯判斷涉及到數學問題的時候，也就是題幹或是選項含有資料或是和資料有關的敘述，要將思路拓寬，借助數學方法來解答，不要認為數學方法無法解答邏輯題目。

舉例如下：

某健身俱樂部進行一次減肥實驗，在十個星期的時間裡，參加者平均減肥九公斤，女性平均減肥七公斤，男性平均減肥十三公斤。健身教練把減肥效果的差異總結為參加者之中的男性比女性在減肥之前重。

以下哪個結論，可以由前文的描述推出？

A.參加者之中，女性減肥之前比男性減肥之前輕。

B.所有參加者的體重都下降。

C.參加者之中，女性比男性多。

D.參加者之中，男性比女性多。

E.參加者之中，男性減肥以後比女性減肥之後輕。

【解題分析】

正確答案：C。

採用計算法解析：假設男性參加減肥人數為p，女性參加減肥人數為q，所以$9(p+q)=13p+7q$，$q=2p$。

顯然，女性參加減肥人數多於男性。

八位神仙沒有水上行走的輕功，他們要過海必須坐船，但是海邊沒有船，只有一艘竹筏，每次只能坐三個人，這艘竹筏最少要幾次才可以把八位神仙渡過海去？

【解題分析】

這艘竹筏最少要三次才可以把八位神仙渡過海去。

某大學的一間學生宿舍裡住著八個學生，已知其中有六人會游泳，有五人會滑冰，有四人會打桌球。這間宿舍裡，三種運動都會的最多有幾人？

【解題分析】

這間宿舍裡，三種運動都會的最多有四人。

一隻螞蟻外出覓食，發現一堆食物，立刻回巢招來十個同伴，但還是搬不完。於是，每隻螞蟻回去各自找來十個同伴，還是剩下很多。於是，每隻螞蟻又找來十個同伴，但是仍然搬不完。於是，每隻螞蟻又找來十個同伴。這一次，終於把這堆食物搬完了。你知道搬這堆食物的螞蟻總共有多少隻嗎？

【解題分析】

總共有一萬四千六百四十一隻螞蟻（1＋10＋110＋1210＋13310）。

三個男孩總共有七百七十顆糖果，他們打算如往常那樣，根據年齡大小按照比例進行分配。以往，老二分到四顆糖果的時候，老大分到三顆；老二分到六顆糖果的時候，老三分到七顆。你知道每個男孩可以分到多少顆糖果嗎？

【解題分析】

七百七十顆糖果的分法如下：老大分到一百九十八顆，老二分到兩百六十四顆，老三分到三百零八顆。

在解答此題的時候，老二的數量是關鍵。假設老二的糖果為12X顆（四、三、六的最小公倍數是十二），老大的糖果為9X顆，老三的糖果為14X顆。12X＋9X＋14X＝35X＝770，X＝22，此題得解。

—第五章—

邏輯謬誤——不講道理的人，怎麼總是有理？

本章簡單介紹一些常見的邏輯謬誤。

某句言論或是論斷，因為在邏輯上不成立而顯得荒唐的時候，我們就會說提出者犯了邏輯謬誤。

與別人討論，嘗試獲得答案或解釋的時候，如果對方犯了邏輯謬誤而不知，你和他的討論是無意義的。

如果想要改變局面，可以嘗試向對手要求證據或是提供其他假設，使自己獲得更好或是更簡單的解釋。如果都失敗了，可以嘗試指出對方的邏輯謬誤，提醒對方意識到自己的錯誤。

由謬誤可以推出任何一句話

「由謬論可以推出任何一句話」的概念，是英國哲學家羅素最早提出，這句話的原文是「Everything is implied by a fallacy」。這個論斷已經成為邏輯學的一個定理，也稱為「由任何一句假話，都可以推出任何一句話」。

羅素舉出一個荒謬的例子：「如果1＋1＝3，羅素就是教皇」，並且給出「證明」。

根據自然數3的定義，3＝2＋1，但是已知1＋1＝3，所以1＋1＝2＋1，利用等量公理得到1＋1-1＝2＋1-1，即1＝2；考慮集合{羅素，教皇}，這個集合的元素個數為2，但是已經證明1＝2，所以也可以說這個集合的元素個數為1，由此可以得出羅素＝教皇。

透過這個例子，可以給出對於「邏輯蘊含」（即「推出」）的形式定義：「P→Q當而且僅當Q為真或是P為假」。

這裡有一個經典的悖論：如果在某個小島上，有一個人說：「這個島上的所有人，說的都是假話。」然而，他就是那個島上的人。

如果這句話正確，即他說的是假話，這個島上的人說的都是真話。如果島上的人說的都是真話，他說的也是真話，即島上的人說的都是假話。假使如此，他說的也是假話，島上的人說的都是真話……

相反地，如果他說的是假話，即島上的人說的都是真話，他說的也是真話……

這就是典型的邏輯謬誤的例子。

兩難推理謬誤

所謂兩難推理，就是無論條件如何，結果都是一樣。

例如：如果明天下雨，我不能出去玩，因為我沒有雨鞋；如果明天不下雨，我也不能出去玩，因為我要去探視外婆。

又例如：季辛吉在回答記者問題的時候用到的兩難推理。季辛吉參加戰略武器談判並且簽署協定之後，立刻在飯店舉行記者招待會。在會議上，他說：「蘇聯每年大約有生產兩百五十枚導彈的能力。」

「美國呢？」敏感的記者立刻問，「我們導彈的生產能力如何？核子潛艇又有多少？」

「很抱歉，我不知道美國每年生產多少導彈。」季辛吉回答，「我知道核子潛艇的數量，但是不知道是不是屬於保密的。」

「不是屬於保密的！」那個記者說。

「不是屬於保密的嗎？」季辛吉笑著說，「好，你可以告訴我有多少嗎？」

季辛吉說自己不知道是否需要保密的時候，其實已經讓記者陷入兩難推理的境地：

（1）如果是保密的，季辛吉不會說。

（2）如果不是保密的，季辛吉不必說。

也有「錯誤的」兩難推理，是邏輯謬誤的一種。

謬誤：它對討論的問題，提出看來是所有可能的選擇或觀點（一般是兩個），但是其實這些選擇或觀點不全面，也不是所有的可能。

例子：

問：如何看待伊拉克戰爭？

答：海珊是邪惡的，所以美軍是正義的。

解釋：除了正義戰勝邪惡的戰爭，還有邪惡戰勝邪惡以及正邪難分的戰爭，因此不能因為海珊是邪惡的就認為美軍是正義的。

問：人類是怎樣起源的？

答：要麼是上帝創造的，要麼是猴子變成的。

解釋：「上帝創造」和「猴子變成」不是人類來源的所有可能，除非可以證明除了這兩種可能以外，人類不可能有其他來源，否則這句話不成立。

無知謬誤

謬誤：因為不能否定，所以必然肯定，或是因為不能肯定，所以必然否定。

例子：

沒有人可以證明鬼不存在，所以鬼一定存在。

我們無法確定明天股票會漲，所以明天股票不會漲。

解釋：人類的知識有限，因此無知是一種合理存在。有一些事情，人們不能肯定也不能否定，在肯定和否定之外，應該允許「存疑」、「待證」、「可能」。

全知謬誤

謬誤：輕易地對事物的整體做出結論的時候，由於人們無法瞭解每個個體的情況，因此被誤導。

例子：

每個人都是改革開放的受益者，這是不容爭辯的事實。

解釋：在邏輯上，這句話無法同意，也難以反駁，需要辯論者有全知能力以瞭解所有人的情況，這是很困難的。

如果進行一個抽樣調查，然後得出結論：超過九九％的受訪者認為自己是改革開放的受益者，因此絕大多數人都是改革開放的受益者，這是不容爭辯的事實，在邏輯上就會比較讓人信服。

某廣告：所有人使用以後，都覺得很好。

解釋：廣告中的「所有人」是哪些人？想要識別全知謬誤，就要注意「所有」、「每個人」、「絕對」等詞語。

滑坡謬誤

謬誤：不合理地使用許多因果關係，將「可能性」轉化為「必然性」，以達到某種意欲之結論。

例子：

動物實驗是文明的末日。動物實驗不尊重生命，如果不尊重生命，就會容忍暴力；如果容忍暴力，社會就會成為戰場，這是文明的末日。

解釋：例子中的每個推斷，還有很多不同的可能性，但是把某個可能性引申為必然性，然後結合這些不合理的因果關係，推斷為一個荒唐滑稽的結論。動物實驗是文明的末日，這是典型的滑坡謬誤。

複合謬誤

謬誤：提出的問題讓回答者無論如何回答，都會認同一些這個問題不應該預設的論點。如果問題中的預設確實被人們認同，就不是犯了複合問題的謬誤。

例子：

你是否仍然像以前一樣，以自我為中心？

解釋：問題中預設「你過去以自我為中心」的結論，無論回答「是」或「否」，都是承認自己過去「以自我為中心」。

訴諸同情的謬誤

謬誤：又稱為訴諸情感、訴諸憐憫，即藉助於打動人們的憐憫心和同情心，以誘使人們相信某個命題。

例子：

某個學生成績不及格，對老師說：「如果你不給我及格，我就沒有獎學金。」

「你必須認同我的意見，因為我快要死了。」

解釋：「訴諸同情」是一種論證中的邏輯謬誤，其前提與結論之間沒有邏輯相關，但是在感情上似乎成立。結論的真假，與某個人的不幸境況沒有必然聯繫，人類的同情心不是支持結論為真的邏輯理由。

訴諸多數的謬誤

謬誤：一個言論只是因為受到大多數人接受和歡迎就被確認為真。

例子：

全公司的人都同意不付錢，所以你也要同意。

我們都認為一加一等於三，所以你認為一加一等於二是錯的。

每個人都這樣說，還會有錯嗎？

解釋：真理未必掌握在大多數人手裡，也未必掌握在少數人手裡。一個結論是否為真，與有多少人接受沒有關係。難道眾口一詞，就可以指鹿為馬嗎？

訴諸結果的謬誤

謬誤：以有利或是不利的結果來證明命題為真，即把利害關係作為論證依據，或是用無法證明真假的結果，進行錯誤的邏輯推理。

例子：

限制外地人購屋的政策是正確的，因為我是本地人；你反對限制外地人購屋的政策，因為你是外地人。

解釋：限制外地人購屋的政策是否正確，要從一個城市的人口結構和發展定位去思考，不能因為對自己有利就支持，也不能因為對別人不利，就認為別人會反對。

如果你不信神，就會下地獄。

如此改革，一定會造成混亂。

解釋：論斷基於恐懼或威脅，而非邏輯推理。

訴諸權威的謬誤

謬誤（一）：訴諸權威人士的個人意見，以證明自己的論斷為真。

例子：

「梁啟超說『少年強則國強』，中國即將進入高齡化社會，所以中國將會開始衰落。」

解釋：梁啟超說「少年強則國強」，但是沒有說「少年少則國衰」，他的觀點無法證明論斷為真。

謬誤（二）：人們傾向於為自己的論斷訴諸一個權威的前提，但是訴諸不當，反而會讓人懷疑。常見的謬誤是：訴諸討論範疇之外的權威人士，或是匿名的權威人士，或是不可信的權威人士，以證明自己的論斷為真。

例子：

「經濟學家認為，人類不可能由猴子進化而來，所以我也不相信。」

解釋：經濟學家在進化論上的權威性，與一個普通人有何不同？如果是生物學家有證據顯示人類不是由猴子進化而來，就會比經濟學家真實可信。

「某位心理學家曾經說『每個人都有犯罪傾向』，所以我們都是潛在的罪犯。」

解釋：某位心理學家到底是誰？

情感綁架的謬誤

謬誤：用帶有人類普遍情感或是符合人類道德準則的詞語來修飾觀點，「強迫」人們接受一個似是而非的論斷。

例子：

「愛媽媽的人，都會轉發這篇文章。」

解釋：「愛」是人類美好的情感，但是怎樣才是「愛媽媽」？不轉發這篇文章，就表示我不愛媽媽？

「你那麼有錢，為什麼不捐錢？」

解釋：捐錢做公益符合人類的道德準則，但是捐錢是一種自願行為，每個人都有權利不捐錢。如果所捐款項的用途不明，難道也要捐錢？

還有一種情感綁架比較隱秘，是利用人類對認同和讚美的心理需求，「誘導」人們接受一個似是而非的論斷，其形式是讚美或奉承＋請求或觀點。

例如：

「你是我遇過最好的老師……我差兩分就可以及格，可以讓我及格嗎？」

解釋：是否可以及格，與是否最好的老師，並無關係。

「像你這麼年輕有為，應該不會與我爭取這些獎金。」

解釋：是否與你爭取獎金，是我的權利，並非因為你說我年輕有為，我就會放棄爭取獎金。

一廂情願的謬誤

謬誤：以自己的想法作為論證的根據。

例子：

「這支股票一定會漲，因為我已經買了。」

「你怎麼忍心拒絕我，我這麼喜歡你。」

解釋：人們會把自己在某個立場上的願望，作為論證自己觀點的根據，在邏輯上往往是荒謬的。

人身攻擊的謬誤

謬誤（一）：以攻擊對方身分代替反駁其觀點（因人廢言）。

例子：

總經理反對業務部經理的建議：「你一定會增加業務部的獎金，因為你是業務部經理。」

學生家長反對學校的課程設計：「你的孩子不是在這個學校，所以你不會關心課程設計。」

解釋：是否要增加獎金、課程設計好壞與否，應該從實際情況加以分析，不能因為對方身分與自己不同而懷疑對方立場。

「我們都是女人，你為什麼要幫男人說話？」

解釋：如果女人都幫女人說話，男人都幫男人說話，這個世界豈不是只有兩種聲音：男人的聲音、女人的聲音？

謬誤（二）：由回應對方的觀點，轉變為攻擊對方的處境。

例子：

父親：「抽菸有害健康。」

兒子：「你為什麼也抽菸？」

記者：「民眾有權利瞭解真相！」

官員：「你是替政府說話，還是替民眾說話？」

解釋：不直接回應對方的觀點，而是攻擊對方的處境，企圖使對方因為處境的特殊和尷尬，放棄原有的主張，或是接受錯誤的主張，這是很常見的邏輯謬誤。

謬誤（三）：以討論某個人的作風、過去的言行，讓人們相信其論點為真，這是因人廢言的變奏。

例子：

「以他對待別人的態度，他一定不會對你好。」

「這個人習慣弄虛作假，他的話一定是謊話。」

「我一向為政清廉，所以不要懷疑我會貪汙。」

解釋：這種謬誤有三段論（大前提、小前提、結論）的影子。人們的行為會隨著情景的變化而變化，所以人們的作風、過去的言行不是可靠的大前提，從這樣的大前提出發，形成的結論，也是不可靠的。

謬誤（四）：罵人。用謾罵和侮辱性的詞語回擊對方，以誰可以謾罵為論戰勝利的象徵。

例子：
網友甲：長期服用中藥，會加重腎臟的負擔。
網友乙：中醫是中華文化的寶藏，不容許妖魔化。
網友甲：我沒有反對中醫。
網友乙：醜化中醫的人去死吧！
……
解釋：這樣的人身攻擊，已經毫無邏輯和理性可言。

歸納謬誤

謬誤：輕率的歸納，即用作歸納的樣本太少或是不具有代表性，進而對整體做出謬誤的推斷。
例子：
我的二十四個同學只有六個人找到工作，所以今年大學畢業生的就業率為二五％。
解釋：以二十四個學生來歸納和推斷大學畢業生的就業率，樣本太少，歸納太輕率。如果訪問一萬個學生，得出的結果比較有說服力。

不當類比的謬誤

謬誤：以兩個不相似的事件或事物進行類比，得出荒謬的結論。

例子：

他管理下屬這麼嚴厲，管教孩子一定也很嚴厲。

解釋：兩者雖然相似，但是有很大差別。管理下屬與管教孩子都有一個「管」字，意義卻是不同的。

人類的眼睛有五・七六億像素，但是無法看懂人心。

解釋：眼睛的功能確實是「看」，但是要看懂人心無法依靠眼睛。

排除證據的謬誤

謬誤（一）：操縱和過濾證據，或是故意隱藏重要的證據，以得出自己想要的結論。

例子：

秦始皇統一文字和度量衡，修築長城，建立統一的國家。結論：秦始皇是偉大的帝王。

解釋：秦始皇焚燒書籍和坑殺儒生，勞民傷財地為自己修築陵寢，如此的暴虐行為，應該如何看待？怎麼可以視而不見？

謬誤（二）：強調自己想要的證據，弱化和隱藏自己不想要的證據。

例子：

去過美國拉斯維加斯賭場的人會看到：人們在賭桌上贏錢，賭場經理會響鐘和鳴笛以公告勝利者，永遠不會提及失敗者。

解釋：賭場經理用這種行為暗示：勝出的機會很大，贏錢的人很多，但是事實正好相反。

稻草人謬誤

謬誤：農夫為了保護自己辛苦耕耘的莊稼，會在田裡紮一個穿著衣服、戴著帽子的稻草人，以嚇走飛到田裡偷吃的小鳥。人們為了形成自己的結論，也會曲解和誇大或是以其他方式，曲解對方的論點和立場，把對方的論證變成一個虛假的「稻草人」，然後加以反駁、批判、懷疑。

例子：

「曲解論點」的稻草人

妻子：你為什麼一直不理我？

丈夫：我要整理資料，明天上班要用。

妻子：我知道在你的心中，工作比我更重要。

解釋：妻子希望丈夫可以陪自己，這是無可厚非的，丈夫的解釋也是正當合理。但是妻子得出的結論——我知道在你的心中，工作比我更重要——卻讓人啞口無言，這個結論就是她用來恐嚇丈夫的「稻草人」。夫妻相處之道，在於相互理解和支持。偶爾曲解對方的論點，用來撒嬌和調情是很浪漫的，如果經常為之，就會成為吵架和冷戰的導火線。

進化論表示，人類是從猩猩進化而來。

解釋：曲解進化論的觀點。進化論只是表示，人類和猩猩有共同的祖先。

「新增論點」的稻草人

女兒：後天是珊珊的生日，她要舉辦生日宴會，邀請我參加，我想要去。

父親：珊珊家就是喜歡炫富，我們家沒有錢，但是你要有志氣，不可以去。

解釋：「珊珊家喜歡炫富」是一個新增的論點，這是父親未曾與女兒討論的論點，然後透過這個未經驗證的觀點，暗示女兒沒有志氣，對女兒做出不相干的批評。

「擴大解釋」的稻草人

兒子：我愛上一個比我大二十歲的女人，我想要和她結婚。

爸爸：你說的是什麼話？你對得起我和你媽媽？

媽媽：大二十歲？真是丟臉啊！

兒子：我們是真心相愛，沒有什麼丟臉的。

媽媽：還不丟臉？親戚的口水都可以把你淹死！你不要臉，我和你爸爸還要臉！

爸爸：你要是不聽我們的話，就是想要氣死我們，就是不孝。

解釋：夫妻年齡差距很大的婚姻雖然不常見，但是在法律和倫理上並無不可。例子中的父母對兒子的結婚意願做出擴大化的解釋，不要臉和不孝都是強加於兒子的「稻草人」。如此的邏輯，會讓兒子覺得父母不可理喻，無法溝通。

例外謬誤

謬誤（一）：把普遍情況的結論，用於對例外情況的推理。

例子：

法律規定任何車輛不能進入公園，即使是消防車和救護車也不能進入。

解釋：上述推理的謬誤在於不考慮例外，把法律用於對所有車輛的管制。一定要防止僵化地執行法律，在遇到一些特殊情況的時候，可以從法律的目的出發，將其作為例外情況處理，以實現設定法律制度的目的。

謬誤（二）：把例外情況的結論，用於對普遍情況的推理。

例子：

消防車可以進入公園，為什麼我的車子不能進入？

解釋：消防車的例外處理，不是用於所有情況，可以與謬誤（一）對照理解。

因果謬誤

謬誤（一）：巧合謬誤。是指從個別情況，肯定某種因果關係。

例子：

小明在這裡，你也在這裡，你一定是在跟蹤小明。

小明吃了一種藥，出現過敏反應。結論：這種藥必然導致過敏反應。

解釋：小明遇到的只是個別的情況，不能因此得出必然的論斷，很有可能是巧合。

謬誤（二）：複合謬誤。兩件事情或是很多事情都是某個原因的結果，把其中一個結果當作其他結果的原因。

例子：

記者在報導離鄉背井的戰爭難民，寫道：他們因為房子被毀壞而逃到這裡。

解釋：這種報導雖然沒有錯誤，但是在邏輯上存在瑕疵。正確的報導應該這樣寫：戰爭的炮火導致人們的房子被毀壞以及離鄉逃難。房子被毀壞不必然導致人們離開自己的家園。

由於口紅的銷售量增加，所以短裙的銷售量減少。

解釋：這個荒謬的結論，源自對經濟現象的研究。一九二〇年，賓州大學經濟學家喬治・泰勒發現：經濟景氣的時候，女人會穿短裙，因為她們要炫耀裡面的絲襪；經濟不景氣的時候，女人買不起絲襪，只好把裙邊放長，以掩飾沒有穿絲襪的窘迫。其他學者研究發現：在經濟蕭條時期，人們的收入和對未來的預期都會降低，首先削減的是那些大宗商品的消費，例如：房子、車子、旅遊，可能會比繁榮時期有更多「閒錢」，可以購買一些「廉價的非必要之物」，進而刺激這些廉價商品的消費上升。口紅正是這種「廉價的非必要之物」，而且可以給消費者帶來心理慰藉，這分別被稱為「裙邊理論」和「口紅效應」。

如果有人從「裙邊理論」和「口紅效應」出發，認為「由於口紅的銷售量增加，所以短裙的銷售量減少」，就會犯了複合謬誤。事實上，口紅暢銷和短裙滯銷都是經濟衰退的結果，兩者之間並無因果關係。

謬誤（三）：遺漏主要原因。舉出無足輕重的次要原因，遺漏或是隱藏真正的主要原因。

例子：

抽菸使台北的空氣品質每況愈下。

解釋：導致台北空氣品質下降的主要原因是汽車廢氣、工廠排放、天氣情況。抽菸雖然不值得提倡，但是與空氣品質下降無關。

謬誤（四）：倒果為因。

例子：

癌症導致抽菸。

解釋：應該是抽菸導致癌症。

因為讀過ＥＭＢＡ，所以升職。

解釋：很多人有機會讀ＥＭＢＡ，是因為得到公司領導階層的賞識和信任，在委以重任之前，資助其讀ＥＭＢＡ進修。所以真相很可能是：因為要委以重任，所以讀ＥＭＢＡ。

謬誤（五）：複合原因。只指出許多原因中的一個為主要原因。

例子：

你只知道踢足球，難怪考試成績那麼差。

解釋：考試成績差的原因有很多，例如：試題太難、上課不認真、逃學、蹺課、不做作業。其中也可能包括踢足球佔用學習時間，但未必是主要原因。

含糊不清的謬誤

謬誤（一）：由於句子的結構包含許多解釋方法，進而導致結論的模稜兩可。

例子：

下雨天留客天天留我不留。

解釋：可以是：下雨天，留客天，天留我不留。結論：不留客。也可以是：下雨天，留客天，天留我不？留。結論：留客。

謬誤（二）：由於字詞的多意而導致結論的含糊不清。

例子：

李昌鈺是交通大學的客座教授。

解釋：是大陸的交通大學，還是台灣的交通大學？

謬誤（三）：重音謬誤。如果重音強調的字詞不同，句子的意思也會不同，進而導致結論的含糊不清。

例子：

你這個外國人可以在中國人的地盤上說話嗎？

解釋：可以有很多意思，例如：（1）強調「你」，暗示其他外國人可以；（2）強調「外國人」，暗示外國人都不可以。

循環論證的謬誤

謬誤：前提和結論的觀點是相同意思，即論據的真實性依賴於論題的真實性。

例子：

因為鴉片有催眠的效用，所以鴉片可以催眠。

解釋：從「鴉片有催眠的效用」的前提，推出「鴉片可以催眠」的結論，只是把同一個觀點進行重複，既沒有證偽，也沒有證實。

《聖經》是上帝的話語，所以《聖經》正確無誤，所以上帝是存在的。

解釋：這也是一個典型的循環論證。

猜測動機的謬誤

謬誤（一）：推測對方行為背後的動機，然後把自己的推測作為前提，推出一個不真實的結論。

例子：

我上任以來，你經常請假，是不是看不起我？

解釋：對方經常請假，要詢問對方請假的原因，告知經常請假對工作的影響，而不是談論對方請假的動機。

謬誤（二）：對方做了好事，認為對方是作秀。

例子：

某個人把自己捐錢做慈善的照片放在網路上。

網友評論：不作秀會死嗎？

解釋：捐錢做慈善的行為，無論背後的動機是什麼，都是值得讚許的。即使是為了作秀而做慈善，又有什麼不對嗎？

謬誤（三）：如果批評名人，就認為對方想要藉此出名。

例子：

某個人寫文章批評某電視劇的明星穿幫。

網友評論：你那麼想要出名嗎？有本事你去演啊！

解釋：作為電視劇的觀眾，有權利表達自己的意見。如果批評得不正確，可以在事實的基礎上進行反駁。只要對方的觀點正確，想要藉此出名又有何不可？

一第六章一

詭辯與反詭辯——和不講理的人講道理

本章介紹詭辯術與反詭辯術，讓你在日常溝通中，可以發現對方的邏輯謬誤，並且進行反擊，讓對方心服口服、啞口無言、自討沒趣。

詭辯的概念：爭論的智慧

中國人的善辯舉世聞名，在古代甚至有「說客」的專職。

在外國，「詭辯」一詞最早是由希臘語「智慧」一詞演化而來。至今英語中的「詭辯（sophism）」一詞，仍然與「哲學（philosophy）」一詞共用同一詞根「sophy」，這個詞根的含義為「智慧」。可見，詭辯是一種爭論的智慧。

《辭海》將詭辯定義為：不是客觀地從事物的全面掌握問題，而是由主觀出發，任意挑選事物的一面作為藉口，或是以事物的表面相似為根據，進行似是而非的論證以顛倒是非和混淆黑白。

一個城市的市民不知道一個自稱智者的人是一個詭辯家，盼望聆聽他關於智慧的演講，花了許多錢，終於把那個自稱智者的詭辯家請上他們專門為他搭設的講台。

第一天，詭辯家問聽眾：「你們知道我要說什麼嗎？」人們都說不知道。詭辯家說：「既然你們如此無知，我說了有什麼用？」說著，就走下講台。

第二天，詭辯家又問聽眾：「你們知道我要說什麼嗎？」人們記得昨天的事情，所以都說知道。詭辯家說：「你們已經知道了，我重複一遍也沒有意思。」說著，又走下講台。

第三天，詭辯家再問聽眾：「你們知道我要說什麼嗎？」有些人說知道，有些人說不知道。詭辯家說：「知道的人說給不知道的人聽吧！」說完，走下講台，揚長而去。

市民們無可奈何，只好留下那個講台，作為這個城市的恥辱。

詭辯是：實踐上錯，邏輯上對。

芝諾是古希臘一個善於詭辯的哲學家，他有一個眾人皆知的「阿基里斯永遠追不上烏龜」的詭辯：

阿基里斯是古希臘神話中善跑的英雄，假設烏龜先爬一段路，然後阿基里斯去追牠。芝諾認為，阿基里斯永遠追不上烏龜。因為前者在追上後者之前，必須先到達後者的出發點，可是這個時候，後者又向前爬一段路。前者必須趕上這段路，可是這個時候，後者又向前爬。

由於阿基里斯和烏龜之間的距離可以分成無數小段，因此阿基里斯雖然越追越近，但是永遠追不上烏龜。

這個論證在實踐上是錯誤的，奇怪的是，這個論證在邏輯上沒有任何問題。

在古希臘，還有一個著名的詭辯：

一粒穀子落地的時候沒有聲音，兩粒穀子落地的時候也沒有聲音，三粒穀子落地的時候還是沒有聲音……依次類推，一整袋穀子落地的時候也不會有聲音。

這也是實踐上錯，邏輯上對。「實踐上錯，邏輯上對」這個結果說明，思想的情況和事實的情況不同，思想中的真理和事實上的真理不同，這兩種真理分別有不同用處，例如：邏輯定理經常與事實不同。

「雞三足」是中國春秋戰國時期的思想家公孫龍的著名詭辯——雞有足是一足，雞有左足是一足，雞有右足是一足，加起來共有三足。現實生活中，經常有人運用傳統文化中的詭辯手法達到自己的目的。例如有人宣稱：人們不可能研究自己知道的東西——因為無須加以研究；也不可能研究自己不知道的東西——因為不知道研究什麼。從辯證法上分析，詭辯的本質是利用語言上的邏輯關係模糊事實真相的一種方法。

「詭辯」和「巧辯」這兩個詞語，在古代沒有任何區別，「詭」中有「巧」，「巧」中有「詭」。後來，這兩個詞意日益分開，出現明顯的區別。有些人認為，詭辯是錯誤的議論，巧辯是正確的議論。然而，詭辯雖然是假的，巧辯也未必是真的，兩者的共同點是：符合邏輯。如果在辯論上，辯論者利用「詭辯」說服對方，大概只能稱為巧辯；在外交場合，一方用「似是而非」的議論反擊對方的無理要求，往往稱為雄辯。

詭辯的特徵一：似是而非

詭辯有很多形式，這些形式都有一定的特點，例如：似是而非、割裂聯繫。瞭解詭辯的特徵，對正確理解詭辯很有幫助。

本節先來介紹詭辯的第一個特徵：似是而非。

古時候有一個無賴，向別人借錢不還。沒辦法，借錢給他的人只好告官。

這一日，縣官開庭審理此案。縣官開門見山問無賴：「你向別人借錢，為什麼不還？」

無賴回答：「老爺，你有所不知，現在的我已經不是借錢的我，還錢的應該是借錢的我，不應該是現在的我。」

縣官是一個糊塗蟲，聽無賴這麼一說，覺得似乎有理，於是宣布無賴無罪，了結此案。

借錢給無賴的人越想越氣，一氣之下，把無賴打得鼻青眼腫。

時過幾日，無賴的傷有些好了，也到縣官那裡告狀。縣官傳來那位借錢人，問：「你在光天化日之下為什麼動手打人？」

借錢人回答：「老爺，你有所不知，現在的我已經不是打人的我，治罪的應該是打人的我，不應該是現在的我。」

縣官一想，「對呀！」於是宣布無罪釋放。

這個故事，對似是而非的詭辯做出淋漓盡致的揭露。

古希臘哲學家赫拉克利特有一句名言：「人不能兩次踏進同一條河流。」赫拉克利特有一個學生，名字叫做克拉底魯，是古希臘最早的詭辯派代表人物。克拉底魯將赫拉克利特的觀點推向詭辯：不僅不能兩次踏進同一條河流，而且「一次也不能」。

如果我們問他：「這是長江嗎？」他一定回答：「不，我無法說它是什麼，因為我說的時候，它已經改變了。」

克拉底魯的論點，說出詭辯的一個主要特徵：似是而非，不確定。詭辯不確定的觀點，實際上是一種相對性觀點，突破以往的絕對性觀點，具有一定的進步意義，但是其相對性排斥任何絕對性，氾濫成為相對主義。

相對主義的詭辯，與「一分為二」的辯證法有相似之處。現實生活中，詭辯者經常以辯證唯物主義者自居。談論一個問題的兩個方面雖然是正確的，但是這兩個方面不應該齊頭並進，應該有自己的分析和判斷，否則說了等於沒說，不是「一分為二」的辯證法，而是似是而非的相對主義。

詭辯的特徵二：割裂聯繫

割裂聯繫，也是詭辯的一個主要特徵。

詭辯名家公孫龍寫了一篇《堅白論》，認為堅白石（又硬又白的石頭）是一個事物，「堅」與「白」是其兩種屬性。用雙手摸的時候，只知其堅硬而不見其白色；用眼睛看的時候，只見其白色而不知其堅硬，堅硬與白色兩種屬性是互相分離的。他用孤立和靜止的片面觀點解釋世界，否認事物之間存在聯繫和矛盾。

辯證法認為：聯繫是事物本身固有而客觀存在的，不以人們的意志為轉移。聯繫也是事物中普遍存在的，任何事物內部的各個要素是相互聯繫的，任何事物與其他事物處於相互聯繫之中，世界上沒有絕對孤立的事物。但是這些聯繫有多樣性，有些是直接聯繫，有些是間接聯繫；有些是內部聯繫，有些是外部聯繫；有些是本質聯繫，有些是非本質聯繫；有些是橫向聯繫，有些是縱向聯繫。

從辯證的角度分析，堅白石的「堅」與「白」都是「石」的屬性，三者連接成為一個整體，不應該割裂它們之間的聯繫，把它們看作三個孤立的事物。戰國後期的思想家荀況，對這個割裂事物聯繫的觀點做出批判：「堅白、同異之分隔也，是聰耳之所不能聽也，明目之所不能見也，辯士之所不能言也，雖有聖人之知，未能僂指也。不知無害為君子，知之無損為小人。工匠不知無害為巧，君子不知無害為治。王公好之則亂法，百姓好之則亂事。」荀況認為，割裂堅與白、同與異的辯論有害無益。

詭辯的特徵三：用表面現象掩蓋事物本質

詭辯有一個著名的論斷——白馬非馬。這個論斷最早是由春秋時期一個叫做兒說的宋國人提出，後來被公孫龍發展為一篇《白馬論》。

他們說：「馬」這個概念，是從形體方面來規定；「白」這個概念，是從顏色方面來規定。對形體方面的規定和對顏色方面的規定，兩者不是一回事，所以把兩者相加的概念，即「白馬」，與只表示形體方面概念的「馬」，不是同一類的概念。

這個詭辯在《韓非子・外儲說左上》已經遭到非議，韓非講述一個「兒說出關」的故事：兒說騎白馬出關，卻被幾個士兵攔住，要他繳納馬稅。他們根本不管什麼「白馬非馬」，不繳稅就不能出關。兒說有理說不清，只好乖乖繳稅。

用表面現象掩蓋事物本質，是詭辯的另一個主要特徵。在「白馬非馬」的論斷中，詭辯者只抓住「白馬」和「馬」表面上的不同：一個是顏色加形體的概念，另一個是形體的概念。他們沒有揭示「白馬」和「馬」的實質——一個是屬概念，一個是種概念。屬概念表達的是區別於其他屬的特點，種概念表達的是種的特點。從表面上看，兩個概念有所不同，但是不妨礙它們具有共同的性質。

要注意的是：所有的詭辯，都是為了掩蓋真理而產生。

偷換辯題式詭辯

偷換是詭辯常用的方法，常見的有：偷換概念和偷換辯題。對付這種詭辯，需要掌握一定的技巧。

所謂偷換辯題，是指在辯論過程中，辯論者故意偷換辯題含義，將原來的辯題偷換成另一個辯題，其目的是：為了使辯題對己方有利，為了掩飾自己的理屈，為了迴避尖銳的衝突，為了渾水摸魚……這種偷換辯題式詭辯，是一種故意違反「同一律」要求的詭辯。偷換辯題的方法是：利用一詞多義，把詞語形式相同但是表達的不是相同概念的概念混為相同概念。

有一個財主，非常吝嗇刻薄。他雇了三個孩子，到了冬天不給他們衣服。孩子們向財主要衣服，財主說：「人們說『小孩子屁股三把火』，怎麼可能覺得冷？」

有一天，有客人來拜訪財主，財主叫孩子們燒水沏茶。過了半天，不見他們送茶過來。財主到後院察看，只見水壺吊在支架上，三個孩子的屁股對著水壺，一動不動地趴在地上。

財主大怒，罵道：「你們這是做什麼，為什麼不給我燒水沏茶？」三個孩子不慌不忙地說：「老爺，你不是說『小孩子屁股三把火』嗎？三個人九把火，水等一下就會燒開，不要著急。」

財主一聽，頓時張口結舌，無言以對。

在這個故事中，財主利用「小孩子屁股三把火」進行詭辯，三個孩子也利用「小孩子屁股三把火」的詭辯形式對抗詭辯。

明朝一位姓靳的大學士，其父毫無名氣，其子很不成才，但是其孫卻考中進士。他經常責罵兒子是不孝之子，不成器。

後來，兒子實在無法忍受責罵，就和父親吵起來：

「你的父親不如我的父親，你的兒子不如我的兒子，我有什麼不成器？」

這個兒子使用的也是詭辯術。

兒子本來要辯論的是自己是否成器的問題，卻故意將這個辯題偷換成「你的兒子」和「我的兒子」相比如何，「你的父親」和「我的父親」相比如何，這是典型的偷換辯題式詭辯。

在辯論中，如果雙方或是多方沒有共同論題，辯論就會無法進行。所以，對於那些透過偷換辯題以求陰謀得逞的詭辯者，想要獲得勝利，就要揭穿其遮掩隱匿的企圖，達到辯論取勝的目的。

偷換概念式詭辯

所謂偷換概念，是一種故意違反「同一律」要求的詭辯。在某個具體的思維過程中，我們的思想必須具有確定性，不能隨便改變其含義，這就是語言邏輯中同一律的要求。同樣的道理，在一場辯論過程中，我們的思想也要具有確定性，不能隨便加以改變。但是，詭辯者為了達到其擾亂視聽的目的，為了使自己的謬誤成立，經常採用隨意偷換某個概念含義的方法。

我們將這種隨便改變某個概念含義的詭辯稱為偷換概念式詭辯，因為概念都要用語言來解釋，所以偷換概念者總是在一些字詞上做文章。

一輛公車上，有一個乘客在下車的時候，把一塊玻璃撞碎了。

司機和顏悅色地對乘客說：「玻璃是你撞碎的，按照規定必須賠償。」

乘客反問：「為什麼要我賠償？」

司機耐心地解釋：「損壞公共財產，就應該賠償。」

乘客說：「公共財產也有我一份，不用賠償了，我那份不要了！」

這個乘客就是在詭辯，這是一種偷換概念的詭辯。從邏輯上說，「公共財產」是一個集合概念，不可分割，這個乘客故意把它當作非集合概念以進行詭辯。

兩個學生問老師：「老師，什麼是詭辯？」

老師沒有直接回答這個問題，而是思考一會兒，然後說：「有兩個人到我家做客，一個很乾淨，另一個很髒。我請這兩個人去洗澡，你們想想，誰會去洗澡？」

「那還用說，一定是那個髒人。」學生脫口而出。

「不對，是乾淨人。」老師反駁，「因為他養成洗澡的習慣，髒人認為沒有什麼好洗的。再想想看，是誰去洗澡？」

「乾淨人。」學生回答。

「不對，是髒人，因為他需要洗澡。乾淨人身上很乾淨，不需要洗澡。」老師又反駁。然後，他又問：「現在看來，是誰去洗澡？」

「髒人！」學生重複第一次的回答。

「又錯了，兩個人都去洗澡。」老師說，「乾淨人有洗澡習慣，髒人需要洗澡。怎麼樣？到底是誰去洗澡？」

「兩個人都去洗澡……」學生猶豫不決地回答。

「不對，兩個人都沒有洗澡。」老師解釋，「因為髒人沒有洗澡習慣，乾淨人不需要洗澡。」

「有道理，但是我們究竟應該怎麼理解？」兩個學生不滿地說，「你每次說的都不一樣，卻總是對的！」

這就是詭辯。出現「老師每次說的都不一樣，卻總是對的」的結果，是因為老師在解釋中同時涉及兩個標準：一個是生理要求，一個是心理要求。老師每次的回答，都選擇與學生選擇的標準不同，就會得出與學生相反的結論。也就是說，老師陳述的概念都是不同的，所以學生的回答總是錯誤的，詭辯就是這樣造成的。如果學生可以思考老師的回答標準，指出他的錯誤，就可以使老師的詭辯無機可乘。

偷換概念式詭辯是一種詭辯伎倆，在辯論中，我們千萬不可掉以輕心。如果我們對這種伎倆缺乏理性的剖析能力，有時候會形成窘境的轉換，有「理」的一方暗自生氣，無「理」的一方趾高氣揚。

俗話說：「打蛇打七寸。」同樣的道理，對詭辯的反駁要抓住實質，擊中要害。因為實質性問題其實就是要害問題，實質決定問題的基本傾向，抓住實質就可以置詭辯於死地。

曲解式詭辯

曲解詞語意思，以達到自己的目的，這是經常使用的詭辯方法。瞭解一些曲解詭辯的案例，對曲解詭辯的運用很有幫助。

楚國攻打吳國，吳使沮衛率人前去慰勞楚軍。

楚將喝道：「綁起來殺掉，用吳使的血塗抹戰鼓。」

又問已經被五花大綁的沮衛：「你來的時候有占卜嗎？」

沮衛回答：「有。」

「占卜吉利嗎？」

「吉利。」

「現在我要殺你，吉利在哪裡？」

沮衛回答：「這正是吉利之所在。吳國派我來，本來就是試探將軍的態度。如果將軍生氣了，吳國就會深挖護城河、高築城壘；如果將軍沒有生氣，吳國的防守就會鬆懈。現在將軍要殺我，吳國獲悉以後，一定會加強警戒，死我一人而保全國家，這不是吉利又是什麼？」

楚將說的「占卜」和「吉利」，是對沮衛一個人而言，沮衛也知道這一點，但是他故意曲解成「為國家占卜」和「對國家吉利」。

沮衛的這段話，如果站在吳國的立場上看，實在巧妙，可以稱為巧辯；如果站在楚將的角度上看，就是曲解式詭辯。由此可見，巧辯和詭辯的區別不是邏輯問題，而是情感問題和價值問題。

沮衛因為巧辯而得免一死，因為楚將上了曲解式詭辯的當。

古希臘哲學家歐布里德吃上官司，被關進監獄。一天，大公命令歐布里德到曬穀場上，趕在下雨之前把穀堆收回倉庫。歐布里德動作遲緩，結果穀子被雨淋濕了。

大公責問歐布里德，他竟然說：「一粒穀子不是穀堆吧？再加一粒也無法成為穀堆，每次加一粒穀子，都無法形成穀堆，因此穀堆根本不存在。你要我搬運穀堆，這怎麼可能？」大公不知道怎麼回答這個詭辯。

但是，歐布里德向大公領取在監獄服役的工錢（當時有這個規定），大公依照他的詭辯，依樣畫葫蘆說：「一個錢幣不是你的工錢吧？再加一個也不是你的工錢，每次加一個錢幣，都不是你的工錢，因此你的工錢根本不存在，你要我怎麼支付你的工錢？」

有一個人喝醉了，路過一戶人家的門口，對著門口嘔吐起來。

這戶人家的守門人大聲喝斥：「你為什麼對著門口嘔吐？」

醉漢似乎聽見了，斜著眼睛說：「是……是……是你主人家的門，是你主人家的門不應該對著我的嘴巴。」

守門人忍住笑地說：「我主人家的門口早就是這個方向，又不是今天對著你的嘴巴。」

醉漢似乎沒有醉，指著自己的嘴巴說：「我的這張嘴巴，我的這張嘴巴也有一把年紀了……」

守門人終於忍不住，哈哈大笑起來，沒有再和醉漢計較。

有一個人到朋友家作客，朋友為了炫耀自己的孩子如何聰明，要他在客人面前背誦英文字母。

孩子剛背出A就忘記了，客人問：「A的後面是什麼？」

孩子已經記不起是B，立刻回答：「所有其他字母。」

客人的問題——「A的後面是什麼」——含義是明確的，即指A的後面那個字母是什麼？但是孩子故意曲解，這就是典型的曲解式詭辯。

鄭國有一個姓卜的人，平時夫妻不和。

一次，他的褲子破了，叫妻子重新做一條。妻子買了幾尺布，問他：「做什麼樣子的？」他說：「按照原來那條褲子的樣子做。」

其妻按照原來的樣子做好以後，又對照那條破褲子，破的地方都剪出窟窿，使其與那條破褲子幾乎完全相同，然後送給丈夫。

丈夫一看，火冒三丈：「怎麼搞成這個樣子？」

妻子順手拿出那條破褲子說：「你不是說按照原來的樣子做嘛！」

以上這些故事都是運用曲解式詭辯，針對這種詭辯，要一針見血地指出問題的實質，進而揭開曲解者的陰謀。

利用歧義的詭辯

有人說：「錢是髒的，即使剛印出來的鈔票也是髒的。」這裡的「髒」，其實是「惡」的意思，是從錢的某種作用的角度來定義。如果有人說「剛印出來的鈔票是新的，用一段時間就會髒了」，這裡的「髒」，是指不乾淨的意思，是從表面衛生的角度來定義。

自然語言的語詞往往是多義的，一個語詞可能有二義、三義、四義，甚至更多。

一個語詞從整體上看，往往是多義的，但是使用的時候，在特定的語境中，必須只有一個明確的意義，否則就會造成歧義。

利用語詞的多義性，故意造成歧義，以達到某種目的，就是歧義式詭辯。

一位教授上課的時候對學生說：「現在問你們一個問題，答對的人有獎品，獎品是鋼筆一打。」教授提出問題以後，一個學生立刻舉手回答。因為題目不難，所以這個學生答對了。教授說：「好吧，你到前面來領獎。」學生走到教授面前的時候，教授從上衣口袋裡取出鋼筆，往學生頭上一打，然後說：「賞你鋼筆一打。」

把事務簡單分類的詭辯

有些人喜歡把母項分為兩個子項，兩個子項是相互對立的概念，兩者相加之和等於母項的外延。

但是，如果不適當地運用這種分類法，很容易變成詭辯術。

有些人看電影的時候，對其中出現的人物，經常會問：「他是好人還是壞人？」

這樣劃分雖然簡單，但是把處於善惡之間的人推向兩極，如果只是用好壞去觀察，無法得到正確的結論。

此類的二分法，隨處可見，似乎是理所當然。其實，完全忽視對象的複雜性，忽略中間狀態，經常是不可取的。

虛擬前提的詭辯

虛擬前提是比較常見的詭辯術，瞭解這個方法對揭示對手的陰謀有非常重要的作用。

一個顧客走進一家商店，問有沒有麵包。

老闆說有，兩角錢一個，顧客說買兩個，老闆說兩個四角錢。這個時候，顧客問啤酒一瓶多少錢，老闆說四角錢一瓶。

顧客問：「我想要用這兩個麵包換一瓶啤酒，可以嗎？」

老闆遞上啤酒，顧客一飲而盡，然後轉身離開。

老闆說：「先生，你沒有付啤酒錢！」

顧客說：「我是用麵包換啤酒啊！」

老闆說：「你沒有付麵包錢！」

顧客說：「我沒有吃麵包，為什麼要付錢？」

老闆傻了，無言以對，只好看著顧客揚長而去。

用沒有付錢的麵包換沒有付錢的啤酒，還是等於沒有付啤酒錢。這種算式如果成立，所有的顧客有福了。

一個人問算命先生：「你算命靈驗嗎？我可以活到幾歲？」

算命先生說：「我算命非常靈驗，你假如沒有死，可以活到九十九歲；假如我算命不靈驗，你在九十九歲之前死了，你可以來打我的嘴巴！」

問話的人相信算命先生，畢恭畢敬地向他問起前程。

這是算命先生的秘密，詭辯者使用虛假的條件命題進行詭辯的時候，只要指出其條件滿足但是結果不出現，就可以將其駁倒。

古代有一個人叫做葉衡，病得很重，知道自己不久於人世，卻無法找到解脫之道。

有一天，葉衡向前來慰問自己的朋友打聽：「唉，我很快就要死了，不知道一個人死後狀況好不好？」

一個朋友回答：「非常好。」

葉衡感到奇怪，問：「你怎麼知道？」

那個朋友解釋：「假如死後狀況不好，那些死者就會回來。現在不見一個死者回來，由此可見，死後狀況非常好。」

葉衡上當了，但還是含笑而死。

用來證明某個思想為真的理由卻是虛構的，可以在某些時候給人安慰，但是不可以用來害人。

宗教神學為了證明宇宙在時間上有開端，做出以下的論證：

——宇宙是上帝創造的，

——上帝創造的東西，在時間上有開端，

——所以宇宙在時間上有開端。

這個「推理」就是依據虛擬前提，因此結論必定是錯誤的。

反駁這種詭辯，必須利用有關知識，揭露其虛擬前提。

虛擬論據的詭辯

論據真實是證明有說服力的重要條件，因為論題的真實性要依靠論據來證明，如果論據不真實，無法產生證明論題真實的作用。論據不真實的證明，就像建立在沙灘上的建築物，遲早會倒塌。

詭辯者經常利用虛擬論據進行欺騙。

一九三三年，希特勒製造的「國會縱火案」，更是臭名昭著。

一九三三年二月二十七日晚上，柏林的國會大廈突然起火。奇怪的是，在同一時間內，竟然有二十三處火舌在國會大廈，顯然是有意縱火所致。

縱火事件發生以後，希特勒政府立刻透過廣播宣告，在國會大廈抓到一個縱火犯——「荷蘭共產黨員」范・德・盧貝。然後，內務部長戈林發表公告，宣稱縱火案是共產黨所為，是共產黨發動武裝革命的信號。

希特勒政府以此為藉口，悍然取締共產黨和民主報刊，大肆逮捕共產黨員和激進人士，其中包括在柏林的國際工人運動傑出的活動家季米特洛夫，德國瀰漫在法西斯的恐怖氣氛中。

希特勒及其黨徒製造的「國會縱火案」漏洞百出，唯一「罪證」就是現場被逮捕的盧貝，並且宣稱盧貝是共產黨員。但是很快有人揭發，盧貝並非共產黨員，又查明有一條秘密通道，可以從外面潛入國會大廈，通道的另一頭就是在戈林家裡。希特勒政府為了滅口，立刻判處盧貝死刑。

「國會縱火案」發生以後，希特勒政府在萊比錫舉行歷時三個月的公開審訊。被誣告與盧貝同謀縱火的季米特洛夫，在聞名世界的審訊中，以無可辯駁的事實反駁各種偽證，揭穿「國會縱火案」是納粹黨徒的預謀，給親自出庭作證的戈林和戈培爾迎頭痛擊，最後季米特洛夫被無罪開釋。

希特勒政府本來想要以「國會縱火案」嫁禍於人，打擊共產黨，結果搬石頭砸自己的腳。從此以後，「國會縱火案」成為弄虛作假和栽贓陷害的典型。

虛擬論據的詭辯，古今中外不乏其例，其具體形式是各式各樣的：有些利用強權逼供，有些利用無中生有，有些當眾造謠說謊。雖然形式多樣，但是有一點相同：被虛擬出來的論據非常具體，不瞭解真實情況的人容易受騙。就是因為這個緣故，這種詭辯很有欺騙性。

如果在論證中，引用尚待證明的判斷作為論據以證明論題的真實性，稱為預期理由的詭辯。論題的真實性是建立在論據可靠性的基礎上，如果論據不可靠，用以證明的論題真實性可想而知。這種詭辯，實質是以主觀意向為根據，經常出現在那些自恃聰明者的言談中。

混淆預想和真實的詭辯

一對窮夫妻在聊天。

丈夫問：「如果我們有錢了，你想要怎麼花？」

妻子說：「買最漂亮的衣服，吃最美味的食物。」

丈夫說：「不要這麼浪費，應該把錢存起來。」

妻子說：「讓白蟻吃掉？我們應該把錢花掉。」

丈夫生氣了，把妻子揍得鼻青臉腫。看見岳父來了，他立刻解釋：「她是一個揮霍的女人，想要把我的錢全部花光，所以我打她。」

岳父問：「她是一個揮霍的女人？你有錢讓她揮霍嗎？」

女婿回答：「我是說，如果我們有錢了……」

岳父說：「廢話，你還沒有錢，就開始打人？」

女婿解釋：「現在沒有錢，已經那麼浪費，如果有錢了，那還得了……」

話說至此，他已經溜出家門，躲開岳父的鐵拳。

在辯論中，我們必須正確掌握真實與預想的關係，如果混淆它們之間的關係，就會無法處理人際關係和家庭關係。

虛擬原因的詭辯

因果聯繫是一種必然聯繫，一定的原因產生一定的結果；一定的結果是由一定的原因引起。所以，原因對於結果來說，可以構成論證的依據。

但是，並非任何聯繫都存在因果聯繫。如果對沒有因果聯繫的兩個事項加以辯論，就是虛擬原因的詭辯。

日蝕和月蝕的時候，野蠻人會敲鑼打鼓，隨後太陽和月亮會出現。於是，每次日蝕和月蝕的時候，他們都會敲鑼打鼓，所以他們說：「每次日蝕和月蝕的時候，敲鑼打鼓以後，太陽和月亮會出現，所以敲鑼打鼓是保護日月的有效方法。」

這就是虛擬原因。

倒因為果，也可以歸於這一類。

古人說「物腐而後蟲生」，多少年來，人們信而無疑。直到十七世紀，布朗懷疑爛泥會生老鼠的時候，羅斯大發雷霆地說：「誰要是懷疑這件事情，我就請誰到埃及，他就會看見無數聚集田間的老鼠，陸續地從汙泥中孵出來危害民眾。」

一六八八年，這種說法被義大利生物學家雷迪用科學方法加以否定。他把一塊肉露出一部分，另一部分封閉起來。一段時間以後，肉腐爛了，蠅類在露出的部分產卵，露出部分的肉產生蠅蛆，封閉的部分雖然也腐爛了，但是沒有產生蠅蛆。

現在我們知道，食物之所以腐爛，是由細菌或是其他微生物所致，因此可以說「蟲生而後物腐」。

問題轉換的詭辯

對方提出的問題無法回答或是不便回答的時候，我們可以透過轉換對方的問題來回答，這種方法就是問題轉換的詭辯。

甲：人類為什麼要有理想？

乙：什麼是「人類」？

甲：人類是社會的動物。

乙：什麼是「動物」？

甲：動物是有神經、有感覺、會運動的生物。

乙：什麼是「生物」？

甲：……

對付這種詭辯的最好方法，就是抓住最初的問題不放，即使回答新的問題是必要的，也要及時拉回。

一個病人問醫生：「我可以活到九十歲嗎？」

醫生檢查病人的身體以後，問：「你今年幾歲？」

病人說：「四十歲。」

「你有什麼嗜好？喝酒、抽菸、賭博，或是其他嗜好？」

「我討厭喝酒和抽菸，更討厭賭博。」

「天啊！你還要活到九十歲幹嘛？」

病人本來的期待是：戒絕菸酒得到肯定評價，但是醫生認為這樣的生活毫無意義。

轉換重音的詭辯

同一句話，如果重讀部位不同，可能產生不同甚至完全相反的意義。例如：

「我」沒有說，她偷了我的錢（可是有人這麼說）。

我「沒有」說，她偷了我的錢（我確實沒有這麼說）。

我沒有「說」，她偷了我的錢（可是我有做出暗示）。

我沒有說，「她」偷了我的錢（也有可能是別人偷的）。

我沒有說，她「偷了」我的錢（可是她對錢做出某些事）。

我沒有說，她偷了「我的」錢（她偷了別人的錢）。

我沒有說，她偷了我的「錢」（她偷了其他東西）。

在一艘郵輪上，船長和大副不和。大副經常喝酒，船長經常批評他。

一日，大副又喝酒，船長在記事本上寫道：「大副今天喝酒。」

次日，大副值班，看見船長記其喝酒，靈機一動，在記事本上寫道：「船長今天沒有喝酒。」

郵輪返回港口以後，港務局的主管檢查記事本，認為船長和大副都有喝酒，決定給予處分。大副玩弄的就是轉換重音的詭辯，不僅欺騙主管，也使得船長受到處分。

標準不同的詭辯

古希臘時期，有一個人叫作歐提勒士，向當時著名的哲學家普羅達哥拉斯學習法律。師生之間訂有合約，合約規定：畢業的時候，歐提勒士付一半學費；第一次打贏官司的時候，再付另一半學費。但是歐提勒士畢業以後沒有打官司，普羅達哥拉斯等得不耐煩，就向法官起訴，要求歐提勒士付另一半學費。

普羅達哥拉斯的論證是這樣的：「如果你打贏這場官司，按照合約，應該給我另一半學費；如果你打輸這場官司，按照判決，也應該給我另一半學費。無論你打贏或是打輸這場官司，都要給我另一半學費。」

歐提勒士進行反擊：「如果我打贏這場官司，按照判決，不必給你另一半學費；如果我打輸這場官司，按照合約，也不必給你另一半學費；無論我打贏或是打輸這場官司，都不必給你另一半學費。」

這個故事乍聽起來，師徒二人的話都有道理，他們都是使用詭辯的辯論方法。他們可以得出對自己有利又迥然不同的結論，是因為他們使用的標準不同，所以整個論題就是不確定的。

這就是「以訛對訛，以毒攻毒」的方法，對詭辯進行反駁的時候，可以運用以毒攻毒的方法，即採用「以其人之道，還治其人之身」的方法。

古希臘哲學家歐布里德在某大公那裡擔任謀士。有一天，他對同事說：「你沒有失去的東西，你就有這個東西，對嗎？」

同事回答：「對呀！」

歐布里德說：「你沒有失去頭上的角，你的頭上就有角了。」

為什麼歐布里德會得出這麼荒謬的結論，原因在於：他在不同的意義下，兩次使用「沒有失去」這個詞語，但是兩次的含義不同。前一個「沒有失去」，是針對原來具有的東西而言，就是沒有失去原來具有的東西；後一個「沒有失去」，是針對原來沒有的東西而言，就是沒有失去原來沒有的角。

他的同事對這個荒謬的結論不服氣，把他拉到大公那裡去評理。

大公很聰明，聽了歐布里德的「論證」，對他說：「在這個城堡裡，你沒有失去坐牢的機會，請你享受三天吧！」大公巧妙地使用「以其人之道，還治其人之身」的方法，反駁得非常有力。

在實際辯論中，詭辯的方法千變萬化，反駁詭辯的方法也是各式各樣，需要我們在實踐中運用正確的觀點和邏輯方法對論題具體分析，採用靈活機動的反駁戰術，以戰勝詭辯。

《呂氏春秋・淫辭》中，記載一件事情：

秦國和趙國在空雒會上訂立一個條約，條約規定：締約國一方想要做什麼，另一方就要幫助。不久，秦國發兵攻打魏國，趙國要去救魏國。秦王極為不滿，派人責備趙王背約。

趙王求計於平原君趙勝，趙勝又求計於公孫龍。公孫龍建議趙王，也派人責備秦王背約，因為根據條約規定，趙國想要做什麼，秦國就要幫助趙國，現在趙國要去救魏國，秦國也要去救魏國。

問題就是出在條約的條文上。這個條約的條文是抽象的，缺乏明確的規定。攻打魏國的是秦國，秦國怎麼可能既攻魏又救魏？

有一個鑑定寶劍的人說：「白錫是用來使劍堅硬，黃銅是用來使劍柔韌，黃白相互摻雜，既堅硬又柔韌，必定是一柄好劍。」

反駁他的人說：「白錫是用來使劍不柔韌，黃銅是用來使劍不堅硬，黃白相互摻雜，既不堅硬又不柔韌。而且，柔韌就會捲曲，堅硬就會折斷，這柄劍既會捲曲又會折斷，怎麼可以說是一柄好劍？」

事物是多樣性的統一，每種屬性不是孤立存在，而是相互依存和聯結，構成一個整體。如果脫離事物的整體聯繫，把事物分解為互不相干的方面加以分析，然後得出事物的整體結論，就是抽象式詭辯。

任何真理都有界限，也有其特定的使用範圍，超出這個範圍，真理和謬誤立刻向相反方向轉化。抽象式詭辯的表現之一，就是故意無視真理的界限，不分時間和地點隨意套用，沒有共同的規範和標準。

以偏概全的詭辯

以偏概全，就是將只適用於少數特殊事例的屬性推廣到全類中的詭辯方法。

《晏子春秋》中，記載一個故事：

一次，晏子出使楚國，楚王安排酒席，招待晏子。

就在他們吃得高興的時候，兩個官員綁著一個人來到楚王面前。這是楚王有意安排的，想要羞辱晏子。

楚王故意問：「這個人犯了什麼罪？」

對曰：「犯了偷竊罪。」

「哪一國人？」

「齊國人。」

楚王對晏子說：「原來齊國人擅於偷東西啊！」

楚王玩弄的就是以偏概全的詭辯。

以偏概全，作為邏輯謬誤，是許多人在交往中經常犯的錯誤。

以下是幾個常見的例子：

（1）「椅子都是四條腿。」

（2）「飲料有害健康。」

（3）「女人的心最狠。」

有一種合謂法，是把本來屬於某個部分的屬性，不適當地應用於整體上，也是一種常見的詭辯。

喝酒就會醉，無論是啤酒還是白酒。

啤酒也好白酒也好，都有加水，所以水是酒醉的原因之一，因此不能喝酒的人也不能喝水。

這些例子都是合謂詭辯，把本來屬於某個部分的屬性，強加給整體。

以全概偏的詭辯

對於偶然發生的例外事件，不能以常理來推論。如果用通則來解釋例外事件，就是以全概偏。這裡的「常理」和「通則」，是指經驗歸納而得出的結論。這種結論來自於對正常情況下發生的事件或是大多數情況的概括，所以不適用於例外。

柏拉圖在《理想國》一書中，對於「欠債必還」這個通則，舉出例外的例子：

「一個朋友在精神正常的時候，把一支手槍放在我這裡，在精神失常的時候向我要這支手槍。此時，我應該還給他，還是不應該還給他？沒有人會說，我應該還給他。」

正確的道理，並非放諸四海而皆準，因為事件是在特定條件下發生。以全概偏的詭辯，就是在於本來不能用常理來解釋的事件仍然以常理來解釋，以下的例子都屬於這種詭辯：

甲：「人類每隻手有五個指頭。」

乙：「也有六個指頭的。」

甲：「有六個指頭的不是人。」

昨天買什麼，今天就吃什麼。

（昨天買老鼠藥，今天就吃老鼠藥。）

一個人的工作讓六十個人做，可以縮短六十倍的時間。

挖一個洞，如果一個人做一分鐘可以完成，六十個人做一秒鐘就可以完成。

有一種分謂法，是把本來屬於整體的屬性，不適當地應用於某個部分上，是與合謂法相反的詭辯。

學校公布留級率是〇・五％，有一個學生認為自己不可能留級。如果這個學生不用功，而且經常曠課，很有可能留級。對這所學校來說，留級率是〇・五％，對這個學生來說，卻是一〇〇％。

假如學校的留級率是九〇％，雖然留級率這麼高，但是對用功讀書的學生而言，可能等於零。

請看以下的例子：

——A球隊是一流的，

——小李是A球隊的一員，

——小李是一流的。

——美國是富有的，

——約翰是美國人，

——約翰是富有的。

諸如此類，都是分謂詭辯。

名實互混的詭辯

「火不熱」是中國春秋戰國時期名家的詭辯之一。「火」具有熱的屬性，但是「火」這個字不會熱。地上寫了很多「火」字，你踩在「火」字上，不會覺得熱。同理，你的電鍋壞了，你在電鍋下寫了「火」字，難道飯會煮熟嗎？

任何語言文字都有兩個方面：一是指語言文字的意義描述，一是指語言文字本身。前者是指語言文字的「實」，後者是指語言文字的「名」。名實互混，在古代就成為詭辯家的辯論方法。

之所以出現這種情況，就是混淆「文字的指涉意義」與「文字本身」的結果。古今中外，利用名實互混進行詭辯的大有人在，這類詭辯命題比比皆是，看看以下的例子：

（1）「飯是不能吃的，茶是不能喝的。」

（2）「我做出的決定，就是不做決定。」

（3）某個地方寫著：「這個地方禁止書寫文字。」

製造混亂的詭辯

有一天，蘇格拉底帶著一個青年，到歐底姆斯那裡去請教。歐底姆斯為了顯示自己的本領，提出一個問題：「你學習的是已經知道的東西，還是不知道的東西？」

這個青年回答：「我學習的是我不知道的東西。」

於是，歐底姆斯向這個青年提出許多問題：

「你認識字母嗎？」

「認識。」

「所有的字母嗎？」

「是的。」

「老師教你的時候，是不是教你認識字母？」

「是的。」

「如果你認識字母，他教的不是你已經知道的東西嗎？」

「是的。」

「是不是你沒有在學習，而是那些不識字的人在學習？」

「不是，我也在學習。」

「你認識字母，又在學習字母，就是學習你已經知道的東西。」

「是的。」

「你最初的回答就不對了。」

這個故事中，歐底姆斯就是在進行製造混亂的詭辯。「我學習不知道的東西」是指學習以前自己不知道的東西，「我學習已經知道的東西」是指自己學習以後已經知道的東西，歐底姆斯故意混淆之間的區別，把這個青年弄得昏頭昏腦，承認自己的失敗，甘願拜他為師。

某個國王愛馬。一日，他獲悉一位大臣家裡有七匹安達盧西亞馬，絞盡腦汁想要把牠們弄到手。不久，他向全國發出命令：

（1）擁有安達盧西亞馬的人，必須立刻申報。

（2）每匹馬要繳納一百第納爾的稅金。

（3）擁有五匹以上的馬，按照五匹申報。

（4）不准謊報馬的數量。

那位大臣看到命令以後，叫管家支付五百第納爾的稅金，但是管家提出忠告：「主人，我覺得不妙，要是按照五匹申報，會違反第四個命令，馬有可能全部被沒收。」

大臣聽了以後，說：「申報七匹馬，支付七百第納爾的稅金。」

管家又說：「這樣會違反第三個命令。」

最後，大臣在管家的勸說下，決定把三匹馬分給兒子，然後分別以三匹和四匹申報。這樣一來，國王的計謀就落空了。

國王企圖佔有大臣的馬，所以使用自相矛盾的命令，以使大臣陷入困境，最終卻被聰明的管家揭穿而宣告失敗。

製造混亂的詭辯，往往表現為故意製造邏輯矛盾，誘使對方陷入混亂狀態中。

柏拉圖的《歐德謨斯篇》中，記載狄翁尼索多魯斯和克特西普斯之間的一場辯論：

狄翁尼索多魯斯：「你說你有一隻狗，是嗎？」

克特西普斯：「是的，一隻很凶的狗。」

狄翁尼索多魯斯：「牠有小狗嗎？」

克特西普斯：「是的，牠們跟牠長得很像。」

狄翁尼索多魯斯：「那隻狗是牠們的爸爸？」

克特西普斯：「是的，我看見牠跟小狗的媽媽在一起。」

狄翁尼索多魯斯：「牠不是你的嗎？」

克特西普斯：「確實是我的。」

狄翁尼索多魯斯：「如此說來，牠又是爸爸，又是你的。所以，牠是你的爸爸，小狗是你的兄弟。」

在這段辯論中，狄翁尼索多魯斯就是在詭辯：「牠是爸爸」是指「牠是小狗的爸爸」，「牠是你的」是指「牠是你家的狗」。可是狄翁尼索多魯斯偷換其中的含義，得出「牠是你的爸爸」的荒謬結論，就是製造混亂的詭辯。

模稜兩可的詭辯

在是非和黑白面前，騎牆居中，含糊其詞，不肯定也不否定，就是模稜兩可的詭辯。

一八二二年，挪威數學家阿貝爾在留學巴黎期間完成數學論文。當時，法國科學院指定數學權威勒讓德和高斯審定。高斯沒有表態，勒讓德說：「或許可以通過。」

高斯和勒讓德對於「應該通過」還是「不應該通過」，未置可否。

對問題不做出明確肯定的回答，不說「是」也不說「否」，這是詭辯的主要手法。

在說辯中，「模稜兩可的詭辯」有兩個功效：

給對方一些希望，有利於穩住對方的情緒

在說辯和交際中，對方要求解決和回答某個問題，內心總是寄予厚望。如果突然遭到拒絕，心理上難以平衡，情緒難以穩定，容易使對方產生激烈言行，有礙於說辯和交際。

給自己留有迴旋的餘地

同一句話，可以做這樣解釋，也可以做那樣解釋，有時候兩種解釋相去甚遠，也是一種含糊其詞的詭辯。

從廣義上說，含糊其詞也包括歧義法。歧義法是利用一詞多義進行詭辯，含糊其詞是利用不合理的

文法結構進行詭辯。

有三個秀才進京趕考，到了京城，三人都去算卦。算卦先生故弄玄虛，伸出一個指頭，什麼也沒有說。

結果，三人只考中一個。他們暗中稱奇，覺得算卦先生如神靈一般。

其實，他們哪裡知道，算卦先生伸出一個指頭——這個無聲的語言，有四種意義：

如果考中一個，就解釋為：「一個人考中」。

如果考中兩個，就解釋為：「只有一個人沒有考中」。

如果考中三個，就解釋為：「一個也沒有剩」。

如果都沒有考中，就解釋為：「一個人也沒有考中」。

從這個例子中，我們不難看出：一個指頭作為一個詞語，意義是明確的，即指「一個人」；但是作為一個句子，由於缺少必要的部分，其語義就會曖昧不清，屬於含糊其詞的詭辯。

數字的詭辯

某婦人在菜市場看到有人在拍賣龍蝦，一隻只要三百元，但是一次至少要買八隻。看到龍蝦竟然賣得如此便宜，婦人有些心動，可是八隻龍蝦太多了，她站在攤位前面猶豫不決。這個時候，一位年輕人對婦人說：「八隻龍蝦太多了，我們合買好嗎？」婦人開心地答應，於是兩人各出一千兩百元。

年輕人將龍蝦分成兩袋，一袋五隻，另一袋三隻。他說：「我家只有兩個人，你比我多兩隻，再給我六百元好嗎？」

於是，婦人再給年輕人六百元。回到家裡，婦人向丈夫敘述緣由，丈夫大聲說：「你上當啦！」怎麼會上當？婦人仔細一算，果真上當了。

艾子有一個朋友叫做虞任，虞任有一個女兒，長得玲瓏可愛，艾子十分喜歡。在她剛滿兩歲的時候，艾子上門為自己的兒子求親。

虞任問：「你的兒子幾歲？」

艾子回答：「四歲。」

虞任聽罷，沉下臉說：「你要我的女兒嫁給一個老人嗎？」

艾子不明白他的意思，問：「從何說起？」

虞任說：「你的兒子四歲，我的女兒兩歲，你兒子比我女兒的年紀大一倍。如果我的女兒二十歲出嫁，你的兒子就是四十歲。如果我的女兒二十五歲出嫁，你的兒子就是五十歲。這不是要我的女兒嫁給一個老人嗎？」

虞任可能是愚笨至極，或是不想答應這門親事，所以耍了這個詭辯。

在一家只有十二個房間的旅館裡，一天來了十三個客人。店主非常熱心，千方百計要使客人全部住下。

他先讓最後那個客人住進一號房間，其餘的客人按照來到的先後順序住進一號到十二號房間，每個房間一人。

這樣一來，一號房間實際上住進兩個人，第三個客人住進二號房間，第四個客人住進三號房間，第五個客人住進四號房間，依次類推，第十二個客人住進十一號房間。最後，他把最後那個客人從一號房間安排到十二號房間，順利地把十三個客人安排到十二個房間。

可能嗎？如果不可能，問題出在哪裡？

無論如何，十三個客人不可能住進十二個房間，這個荒唐的結論來自於似是而非的計算。

按照店主最初的安排，一號房間確實住進兩個人，一個是第十三個客人，另一個是第一個客人，沒有計算第二個客人。店主在後來的分配中，直接忽略第二個客人。

問題就是出在「第三個客人住進二號房間」這個虛假的計算中。

在語言中，人們最容易受騙的是數字。因為數字是精確而清楚的，而且是統計出來的，所以很少有人懷疑。如果對於數字意義、統計方法、統計單位沒有專門知識，很容易上當。

在無法以精確數字表示的統計結果上，為了某種目的而以精確數字表示，是把統計法變成詭辯術的另一種情況。

矛盾的詭辯

帽店的生意非常冷清，終於來了三個客人。

一個客人拿了一個帽子，認為帽子太小了。老闆說：「這樣剛好啊！帽子戴了以後，就會變鬆。」

另一個客人拿了一個帽子，認為帽子太大了。老闆說：「這樣剛好啊！帽子洗了以後，就會變緊。」

第三個客人拿了一個帽子，然後說：「這頂帽子不大不小，正好適合。」老闆說：「太適合了，這頂帽子絕對不會變形。」

三個客人哈哈大笑。前兩個客人看在老闆能言善辯的面子上，買下對於各自來說不適合的帽子。

推理不當的詭辯

有一個賴帳出名的律師，請來一位醫生給自己的妻子治病。診斷以後，醫生發現病人的情況十分嚴重，對律師說：「我擔心治療以後，你不會付錢。」

律師說：「我向你保證，無論你救活她，還是醫死她，我都會給你五百英鎊。」

醫生全力搶救，最後病人還是死了。醫生在表示歉意以後，要求律師付出五百英鎊。

律師問：「我的妻子是你醫死的嗎？」

醫生說：「不是，我的診斷和用藥沒有錯。」

律師又問：「我的妻子是你救活的嗎？」

醫生說：「不是，她的情況實在太嚴重了。」

律師說：「這就對啦，既然你沒有救活她，也沒有醫死她，根據我的保證，不必給你五百英鎊。」

醫生突然想到，律師的承諾故意遺漏「搶救無效而死」的可能，但是也沒有辦法。

這是賴帳高手的秘密，它告訴我們：做事要考慮周密，如果沒有識破詭計，就會受騙上當。

精確式詭辯

有時候，辯論中的精確性也是一種詭辯。

自然語言是相當曖昧的，不瞭解確切含義很容易陷入困境。也就是說，使用語詞要注意精確性。但是這種精確性的要求不是絕對的，在任何情況下都是必要的。在不必精確的地方吹毛求疵，做出似是而非的議論，就是精確式詭辯。

精確式詭辯的表現形式是各式各樣的，以下談論幾種常見的情形：

在特定的語境中，有些話可以直接省略，否則會陷入繁瑣之中，但是詭辯者經常對省略語吹毛求疵。

甲、乙在餐廳相遇，當時沒有第三者。

甲：「吃飯了嗎？」

乙：「你在問誰？」

甲：「我在問你，還會有誰？」

乙：「我怎麼回答你？」

甲：「吃了就吃了，沒吃就沒吃，很難回答嗎？」

乙：「是早餐還是午餐？是今天還是明天？」

各個民族語言都有很多習慣用語，除了習慣用語以外，還有成語和歇後語，這類詞語是在長期的語言實踐中約定俗成，並且形成固定意義，不必深究其組織形式的精確性，但是詭辯者經常在這個地方進行詭辯。

（1）「一目瞭然」。

詭辯者會問：「兩目呢？」

（2）「救火」。

詭辯者會說：「火不是越救越旺嗎？」

在日常生活範圍中，人們大量使用經驗概念，這類概念在經驗範圍中是明確的，從來不會發生混亂，例如：「紅色」、「走路」。

如果有人把「紅色」定義為波長多少的光線，把「走路」定義為兩足前後移動而且不同時離地，反而會讓人產生困惑。

使用斷句的詭辯

「民可使由之不可使知之。」

抱持批判觀點的人說，孔子這句話是愚民政策，因為他說：「民可使由之，（但是）不可使知之。」

抱持讚美觀點的人說，孔子這句話有民主意味，因為他說：「民可，使由之；不可，使知之。」這不是民主思想又是什麼？

標點符號是現代書面語言的組成部分，主要有三個作用：表示停頓，表達語氣，表示語句的性質和作用。標點符號不同或是標點符號位置不同，就會使語句的意義發生變化。

利用斷句進行詭辯，稱為斷句式詭辯。

斷句式詭辯的一種情況：提出模稜兩可的語句，根據需要任意斷句，以愚弄對方。

斷句式詭辯的另一種情況：基於某種企圖，任意給對方的話語斷句。

有一副對聯，表現農村興旺發達的景象和農戶歡天喜地的心情：

「養豬頭頭象，老鼠隻隻死；釀酒罈罈好，造醋節節酸。」

一個存心不良的人把逗號全部往後移兩個字，結果變成：「養豬頭頭像老鼠，隻隻死；釀酒罈罈好造醋，節節酸。」

這樣一來，前後的意思完全不同。

以謬制謬，反駁詭辯

在辯論中，對方的詭辯邏輯如果是錯誤的，可以依循這個錯誤的邏輯，將錯就錯，就地取材，重新設置一個詭辯進行反駁，這就是以謬制謬的方法。

詭辯者的語言含糊不清、模稜兩可的時候，可以透過對其語言進行判斷、分析、解釋，反駁他的荒謬觀點，闡明自己的觀點。

詭辯者的內容矛盾，可以先指出矛盾所在，然後再點出問題的實質。

放大錯誤，反駁謬論

反駁別人的論點，不一定要正面駁斥，可以先假定其命題為真，然後以其命題為前提加以演繹，引導到一個顯而易見的荒謬結論上，並且將其推向明顯荒謬的結論，進而達到駁倒對方的目的。

三國時期，蜀國突然發生一次嚴重的旱災，劉備命令全國禁止釀酒，以免浪費倉廩存糧。為了徹底禁止釀酒，規定被查出有釀酒器具的人，與釀酒者一樣受罰，不得輕易饒恕。

但是，旱災不是每年都會發生，禁止釀酒只是權宜之計，如果把釀酒器具全部毀掉，百姓會捨不得；查出釀酒器具，只是表示他們有釀酒之心，無法證明他們正在釀酒。如果與釀酒者一樣受罰，百姓會覺得過於苛刻，但是沒有人敢提出意見。

有一天，簡雍陪劉備出宮遊逛，看見前面走來一對男女，立刻對劉備說：「他們要做淫亂之事，為什麼不把他們抓起來？」

劉備好奇地問：「你怎麼知道他們要做淫亂之事？從哪裡看出來？」

簡雍笑著回答：「他們都有可以淫亂的器具，與你規定的有釀酒器具的人要和釀酒者一樣受罰是同樣的道理！」

劉備聽他說罷，不禁笑了起來，立刻下令，對有釀酒器具而沒有釀酒的百姓，不再處罰追究。

整體來說，我們可以透過以下的方法，放大對方的錯誤：

從對方的論點中，找出一個與其矛盾的判斷

有一個佛教徒，正在宣傳「輪迴報應」的理論：人們不能殺生，因為今世殺什麼生物，來世就會變成什麼生物。例如：今世殺牛，來世就會變成牛；今世殺豬，來世就會變成豬……

有一個人說：「按照你的說法，我們殺人好了！」

佛教徒生氣地說：「胡說，怎麼可以殺人？」

這個人說：「你剛才說，今世殺什麼生物，來世就會變成什麼生物。如果這種說法是正確的，來世想要變成人，只能殺人了！」

佛教徒啞口無言。

從被反駁的判斷中引申出荒謬結論，進而推論這個判斷是虛假的

在《東坡志林・記與歐公語》中，蘇軾反駁歐陽修，也是運用這個方法。

有一天，蘇軾與歐陽修在河邊散步。師生二人引古論今，談興正濃，忽見一艘帆船駛過，船上舵工掌舵行舟，頗有一番愜意。歐陽修見此情景，對蘇軾說起一件事情：

有一個病人，醫生問他生病的原因，他說是乘船的時候遇到風浪，受到驚嚇而生病。醫生按照醫書「用麻黃根節和舊竹扇刮屑入藥，可以止汗」的教論，如法炮製，用被汗水浸透的舵把刮下的木屑入藥，為這個病人治病。服藥以後，病人真的痊癒了。

蘇軾認為這不是科學之法，如果這樣用藥，就會推導出許多荒謬結論。於是，他對老師說：「依照此法行醫，以筆墨燒灰給讀書人服用，不是可以治療懶惰嗎？推而廣之，喝伯夷（孤竹國君之子，與其弟互相推讓王位）的洗手水，可以治療貪念；吃比干（商紂王淫亂，比干諍諫而死）的剩飯，可以阻止佞臣；舔樊噲的盾牌，可以治療膽怯；聞西施的耳環，可以治療惡疾。」

蘇軾正是運用這個方法，推導出許多荒謬結論，進而巧妙地駁斥歐陽修提出的命題。

從被反駁的判斷中，推導出兩個矛盾判斷

關於物體從高空落下，亞里斯多德曾經說：「落下的速度與重量成正比。」伽利略認為，在真空中，不同重量的物體會同時落地，他假設物體A與物體B綁在一起成為A＋B，因為A＋B比A重，所以會比A先落地；另一方面，A比B落得快，B會減慢A的速度，所以A＋B會比A後落地。這樣一來，就會得出自相矛盾的結論，進而證明亞里斯多德的論斷是錯誤的。

歪理歪推，謬上加謬

歪理歪推，進而放大錯誤，也是經常使用的詭辯方法。

明朝的時候，有一個叫做邱濬的人，在朝廷中擔任侍講學士。有一次，他去杭州拜訪一位老和尚。他對老和尚彬彬有禮，可是老和尚認為他官職低微，所以看不起他，態度十分傲慢。

這個時候，有一位將軍的公子來拜訪，老和尚立刻滿臉堆笑，降階相迎，熱情招待，十分恭敬。

邱濬對老和尚的無禮非常氣憤，等到那位公子離開以後，他責問老和尚：「你為什麼對那位公子如此恭敬，但是對我如此冷淡？」

老和尚說：「按照佛門的規矩，恭敬就是不恭敬，不恭敬才是恭敬！」

邱濬聽了老和尚的歪理，不禁怒火中燒，順手拿起一根禪杖，在老和尚的頭上打了幾下。老和尚抱頭大叫，責問他為何無故打人。

邱濬回答：「既然恭敬就是不恭敬，不恭敬才是恭敬，我打你就是不打你，不打你才是打你，這是以禮還禮！」

聽了邱濬的回答，老和尚無言以對，心中只有暗暗叫苦。

歪理歪推，是依據對方的荒謬邏輯進行荒謬推理，進而得出更荒謬的結論。這個方法的特點是：前提是歪的，推理方法也是歪的，其效應是：越推越歪，越歪越有趣，進而幽默感越強，諷刺味越濃。

活用反語，放大荒謬

人們的語言表達，有約定俗成的習慣性規則。在特定的情況下，人們出於表達的需要，必須打破習慣的約束，並且反其道而行，就會形成反語。

漢武帝的乳母曾經在宮外犯罪，武帝知道以後，想要依法處置她。乳母想起能言善辯的東方朔，向他求救。

東方朔對她說：「這不是唇舌之爭，你如果想要獲救，就在要抓走你的時候，不斷回頭看著皇帝，但是不要說話，這樣也許有一線希望。」

傳訊乳母的時候，她走到皇帝面前，想要向他辭行，東方朔正在旁邊侍坐。

只見乳母面帶愁容，不停地看著皇帝。東方朔對乳母說：「你太傻了，皇帝現在已經長大了，難道還會想起你餵奶的恩情嗎？」

漢武帝聽出東方朔是話中有話，頓時露出淒然難堪之色，立刻赦免乳母的罪過。

所謂反語，就是用修辭的實際意思與表面意思正好相反的詞語來表達思想和感情。

反語的具體方法，有時候表現為反話正說，用正面語言表達反面意思。從表面上看，似乎是對對方的肯定與稱讚，如果結合特定的語言環境，就會發現其表達的是對對方的諷刺與嘲笑，具有強烈的諷刺意味。

有時候，也可以用反面語言表達正面意思。在某些特定場合，我們習慣正面陳述和肯定的意思，如果出人意料地用反面語言表達，就會使人們感到驚訝，然後揭示話語的真正含義，進而使語言幽默風趣。

海飛茲在倫敦首次演出以後，蕭伯納走到後台，對這位年輕的小提琴家說：「這個世界上沒有十全十美的事物，否則就會招致諸神的嫉妒。我想要建議你：每天晚上睡覺之前，至少要奏出一個不準的音符。」

蕭伯納想要對海飛茲高度稱讚，但是他用反面語言表現出來，更可以給人們無窮的回味。

使用反語的方法必須注意，無論是反話正說還是正話反說，都要讓人們知道是在說反話。如果說得含糊不清，人們按照字面的意思去理解，其效果就會大打折扣。

齊國有一個人得罪齊景公，齊景公大怒，下令要把這個人分屍，而且說：「有敢於勸諫者，一律處死。」

晏子左手抓著那個人的頭，右手拿著刀，抬頭問齊景公：「古代賢明的君主要把人分屍，是從哪裡開始？」

齊景公突然說：「把他放了吧，這是我的過錯。」

晏子在齊景公身邊，經常利用這種正話反說的方法，迫使齊景公改變一些荒謬的決定。

齊景公有一匹馬，被他的馬夫殺了。齊景公知道以後，暴跳如雷，立刻招來馬夫，並且想要殺死他。

晏子急忙對齊景公說：「這樣急著殺死他，他不知道自己的罪過就死了。讓我為國君歷數他的罪過，然後再殺也不遲！」

齊景公說：「好吧！」

晏子舉劍走到馬夫面前說：「你為我們的國君養馬，竟然把馬殺死，此罪該死。你使我們的國君因為馬被殺死而殺掉養馬人，此罪又該死。你使我們的國君因為馬被殺死而殺掉養馬人的事情，傳遍四鄰諸侯，使得眾人皆知我們的國君愛馬不愛人，此罪又該死。」

齊景公連忙說：「夫子，把他放了吧，不要傷害我的仁德啊！」

正話反說可以放大荒謬，讓人們更明白地見到荒謬的真面目，進而達到更好的勸諫效果。

一第七章一

思維的邏輯——讓你每次辯論都可以贏

邏輯學的作用是給予人們理性的思考，不是用來和別人吵架，雖然確實很好用。

解釋辯題，確定論點

確定辯題以後，就要對其做出有利於己方的解釋。確定己方的論點，辯論的時候才可以展開攻擊、先發制人、攻守得體、遊刃有餘。

對辯題做出有利於己方的解釋，透過論據的佐證，才可以站穩腳步，出奇制勝。

對辯題做出巧妙的解釋，有兩種方法：

定義法

定義法是辯論中最常用的一種策略，在辯題對己方明顯不利的情況下尤其適用。例如：辯題「金錢萬能」，正方明顯處於被動地位。如果正方把「萬能」理解為全稱命題，幾乎是無理可辯。只能對「萬能」做出符合己方的巧妙定義，並且透過一些事例佐證，才可以站穩腳步，出奇制勝。

定義法是給辯題中某些關鍵詞語做出有利於自己利用事實和展開論點的定義，進而先發制人，佔據主動。

限制法

所謂限制法，是指在形勢對己方不利的情況下，對辯題提出一些限制，可以收到起死回生的效果。運用限制法，關鍵在於其限制要適當，要在限制辯題以後，使己方從無話可說變成口若懸河，又要讓人們感覺沒有篡改辯題之嫌，否則留給對方把柄，必敗無疑。

首尾統一，前後完整

首尾統一，前後完整，這是對辯論邏輯最基本的要求。只有首尾統一，前後完整，才會有完整的說服力。

在進行邏輯思維的時候，思想必須保持一致。保持一致，是指在辯論中，辯論者的思想必須具有確定性和一致性。如果違反這個規律，就會犯下偷換概念和偷換論題的錯誤。

有一個年輕人來到咖啡廳，先請服務生送來一杯咖啡。過了一會兒，他又請服務生將咖啡換成牛奶。喝完牛奶之後，他立刻轉身離開。

服務生說：「先生，你還沒有付帳！」

「付什麼帳？」

「你喝了牛奶，一杯三十元！」

「牛奶是我用咖啡換來的！」

「咖啡也要錢啊！」

「我不是把咖啡還給你了？我沒有喝。」

服務生無言以對。

用沒有付錢的咖啡換沒有付錢的牛奶，最後還是沒有付牛奶的錢。這個年輕人故意偷換沒有付錢的牛奶和已經付錢的牛奶之間的不同含義，違反同一律，屬於詭辯。

古希臘著名的寓言家伊索，年輕的時候曾經做過奴隸。有一次，他的主人設宴請客，客人都是希臘的哲學家。主人命令伊索準備最好的菜肴，他專門收集各種動物的舌頭，準備一席「舌頭宴」。

開席的時候，主人大吃一驚，問：「這是怎麼回事？」

伊索不慌不忙地回答：「你命令我為這些尊貴的客人準備最好的菜肴，舌頭是引領各種學問的關鍵，對於這些客人來說，舌頭不是最好的菜肴嗎？」

客人們聽了以後，哈哈大笑。

主人又命令伊索：「明天我要舉辦一次宴席，需要最壞的菜肴。」

第二天開席的時候，菜肴依然全部是舌頭。主人見狀，大發雷霆。

伊索鎮定地回答：「所有壞事不是從口而出嗎？舌頭不是最壞的菜肴嗎？」

主人被伊索弄得無言以對。

伊索正是掌握「舌頭」這個事物的矛盾屬性進行辯論，進而征服對手，同時留給人們深刻的思考。

有因有果，尋找關係

任何現象的產生都有一定的原因，任何原因都會產生一定的結果，因果關係是客觀事物最普遍的必然關係，也是現象之間普遍聯繫的表現形式之一。「析因論果，尋找關係」，就是找出某個現象的原因，以因果關係為根據得出結論的辯論方法。

在日常生活中，人們經常使用因果論證以表達看法和說服別人。因此，有因就有果，有果必有因，我們可以透過這個邏輯，找到事物之間的聯繫。

探因求異

一位生物學教授透過實驗，發現蝙蝠具有以耳代目的特性，另一位學者有不同意見，於是兩人展開辯論。

生物學教授：「為什麼蝙蝠可以在陰暗的山洞裡飛行？」

學者：「因為牠的眼睛非常敏銳，可以在微弱的光線下看見周圍的東西。」

生物學教授：「為什麼蝙蝠可以在黑夜穿過茂密的樹林？」

學者：「也許牠有異常的夜視能力。」

生物學教授：「為什麼我們把蝙蝠的眼睛遮住，牠還是可以正常地飛行？如果去除眼罩，把牠的耳朵遮住，牠飛行的時候就會到處碰壁，這應該如何解釋？」

學者無言以對，只好認輸。

生物學教授由於正確運用探因求異法，所以得出無可辯駁的結論。

這種方法和以下的探因求同基本相同，只是探求的結果是「異」而非「同」。所謂探因求異，是指在被考察現象出現的幾種場合中，如果其他情況相同，只有一種情況不同，於是得出結論：這個不同的情況，就是被考察現象的原因。

探因求同

十八世紀，俄國科學家羅蒙諾索夫在一次學術會議上，為自己的觀點辯護：「我們揉搓雙手，雙手就會逐漸暖和；我們敲擊石塊，石塊就會發出火光；我們錘擊鐵塊，鐵塊就會產生高溫……由此可知：運動可以產生熱。」

羅蒙諾索夫考察揉搓雙手、敲擊石塊、錘擊鐵塊等發熱情況出現的不同場合，這些場合的其他情況不同，只有一種情況相同，就是運動，於是他得出結論：運動是發熱的原因，運動可以產生熱。

所謂探因求同，是指在被考察現象出現的幾種場合中，如果其他情況不同，只有一種情況相同，於是得出結論：這個相同的情況，就是被考察現象的原因。

從許多相同的事情中找出原因

學者考察某城市地層下陷的原因，發現「抽取地下水少的地區，地層下陷得少；抽取地下水多的地區，地層下陷得多」，因此得出結論「抽取地下水是地層下陷的原因」，就是使用這個方法。

這個方法是指某種現象發生變化的時候，被研究的現象也會發生變化，進而判斷這種現象就是被研究現象的原因。

有因必有果，這是一種重要的辯論方法。這種方法對於某個事物來說，不僅可以使人們知其然，也可以使人們知其所以然。

正確使用這個方法，是辯論中邏輯關係運用的基礎。

演繹推理，揭穿對手

所謂演繹，是指由一般性的前提推出個別性的結論的邏輯方法，由於前提中必然蘊含結論，所以只要前提是真的，其結論也必然是真的。作為一種由已知推出未知的推理過程，演繹對於豐富辯論者的知識、增長辯論者的經驗、加強辯論者的能力，有很大的幫助。

在辯論中，正確掌握和使用演繹推理方法，不僅有利於我們周密地進行論證，滴水不漏地表述自己的觀點，不給對手可乘之機，也可以及時抓住對手的把柄，揭穿對手詭辯的伎倆。所以，演繹推理也是出色的辯論者經常使用的邏輯方法。

一位美國參議員對美國邏輯學家貝爾克里說：「所有的共產黨人攻擊我，你攻擊我，所以你是共產黨人。」

貝爾克里立刻予以反駁：「這個推論實在妙極了，從邏輯上看，它與以下的推論相同：所有的鵝吃白菜，參議員先生吃白菜，所以參議員先生是鵝。」

從邏輯學的角度來考察，貝爾克里就是使用演繹法來反駁對方。

在演繹推理中，最常見的類型是由兩個直言判斷組成大前提和小前提推出結論的「三段論」。由於三段論是一種必然性推理，也就是說，其結論是從前提中推導出來，因此三段論是一種有力的辯論方法。

我們知道，人們經常要對個別事物進行斷定。對個別事物進行斷定，最方便、最有效，也是最有說服力的方法，就是引用一般原理作為根據進行論證，這種引用一般原理來論證個別事物的演繹方法就是三段論。

義大利杜林主教座堂有一件聖物，據說是耶穌遇難以後包裹屍體的細亞麻布。六百多年以來，信徒們一直針對其真偽問題爭論不休。有一年，神學院的五個學員來到這裡，他們看了這塊裹屍布以後，各自發表自己的見解。

學員甲：我認為它是真的。如果它是假的，不可能在六百多年以來被信徒們敬奉。

學員乙：我認為它是真的。耶穌釘死在十字架上，手腕與大腿流了許多血，我看到它的上面有血跡，可見它是真的。

學員丙：我認為它是假的。根據專家考證，細亞麻布西元二世紀才出現，耶穌遇難是在西元一世紀。由此可見，這塊細亞麻布不可能是聖物。

學員丁：我無法肯定它是真是假，可以用「碳十四同位素」測定它的年份，如果確實是西元一世紀的織品，就可以確定它是聖物。

學員戊：我同意乙的看法。此外再補充一點，可以用儀器測定它上面血跡的年份，如果與耶穌遇難的年份相近，就會更有說服力。

從論證的角度來分析，以上五個學員的議論中，只有學員丙的論證方法正確，其他人都是錯誤的。因為他們使用的是條件推演方法，但是學員甲的條件命題的前提是錯誤的，學員乙、丁、戊使用的是條件推演中的肯定後件的錯誤形式。

在辯論中，要達到反駁對方論證的目的，可以直接指出對方推論的錯誤，也可以模仿對方的錯誤推論形式，推出令對方感到難堪的結論，這種方法可以有效地達到揭露謬誤的目的。

順水推舟，趁勢反擊

十九世紀末期，在英國國會的殿堂上，曾經發生一次名留青史的激烈論戰。

當時，格萊斯頓對迪斯雷利進行猛烈攻擊，揭發足以毀滅對方的隱私內幕。

「迪斯雷利先生，我對你平日的言行不以為然。根據可靠的消息，你染上性病，有這件事情嗎？」

格萊斯頓出言露骨，咄咄逼人。此話一出，震驚四座，所有的國會議員屏住氣息，頓時變得鴉雀無聲。他們想要知道，面對這個嚴重的侮辱性攻擊，迪斯雷利如何答辯。每個人把視線集中在迪斯雷利身上，引頸期盼他的回答。

「你的話完全不假，我是跟你的情婦睡覺才會染上性病。」

誰也沒有料到，遭此奇恥大辱的迪斯雷利，竟然面無慍色，輕鬆地說出這句話。

話音剛落，頓時爆出一陣笑聲，震動屋宇，久久不散。

迪斯雷利順勢接招，然後趁勢進行反擊，使格萊斯頓飲恨落敗。

按照對方的思維模式往前推論，或是以對方的核心論點作為前提進行演繹推論，最後得出一個明顯錯誤或是荒謬的結論，這種方法叫做順水推舟法。

南北朝時期，范縝認為：形體和靈魂是一體的，形體存在則靈魂存在，形體毀滅則靈魂毀滅。他說：「神即形也，形即神也。是以形存則神存，形謝則神滅也……形者神之質，神者形之用。是則形稱其質，神言其用，形之與神，不得相異也……神之於質，猶利之於刀；形之於用，猶刀之於利。利之名非刀也，刀之名非利也。然而捨利無刀，捨刀無利。未聞刀沒而利存，豈容形亡而神在？」

這種論述提出之後，朝野喧譁，信奉神佛的人指責范縝，可是沒有人可以使他屈服。

王琰撰寫文章嘲笑范縝：「嗚呼范子！曾不知其先祖神靈所在。」想要以此堵住范縝的嘴巴，讓他俯首認輸，不再反駁。

沒想到，范縝立刻進行反擊：「嗚呼王子！知其先祖神靈所在，而不能殺身以從之。」

識破矛盾，攻擊對方

有一個秀才，住在兩條河中間的一個地方。有一天，他請來風水先生，看看自己住的地方是否吉利。風水先生發現秀才家境貧寒，就說：「這兩條河把你家的運氣沖走了。」

後來，秀才中了狀元。那位風水先生主動上門：「你住的地方像一座橋，這兩條河就像兩個轎桿抬著你，怎麼可能不中狀元？」

風水先生前後所言判若兩人，可謂「翻手為雲，覆手為雨」。

有一個人喜歡抬槓，人稱「槓鋪老闆」。有一天，他設下擂台，要和善辯的人抬槓。

鐵拐李跳上擂台，槓鋪老闆說：「原來是神仙到了，有何貴幹？」

鐵拐李回答：「來和你抬槓！」

槓鋪老闆問：「誰先開言？」

鐵拐李回答：「你先說。」

槓鋪老闆問：「大仙為何下臨凡界？」

鐵拐李回答：「為了拯救黎民百姓。」

槓鋪老闆又問：「有何濟世仙方？」

鐵拐李回答：「我葫蘆裡的靈丹妙藥，可以醫治百病。」

槓鋪老闆聽罷，一陣哈哈大笑：「你說你葫蘆裡的靈丹妙藥可以醫治百病，我看不盡然。」

鐵拐李問：「為何如此說？」

槓鋪老闆不慌不忙地說：「既然可以醫治百病，為何不把你的瘸腿治好？」

鐵拐李無話可說，「槓鋪老闆」確實不是浪得虛名。

仔細分析「槓鋪老闆」的反駁可以看出：在辯論中，辯論者的思維不僅要有確定性，也要有連貫性。也就是說，思想和論斷必須前後一致。兩個互相反對或是互相矛盾的判斷不可能同時為真，其中至少有一個是假的。

透過分析對方的辯論，抓住其中自相矛盾的地方，然後加以揭露，「以子之矛，攻子之盾」，進而暴露對方辯論的荒謬，使其無法得逞。

對一些錯誤的思想和觀點，如果可以及時抓住對方在概念、判斷、推理中的某些悖論，借用原話，指出其無法自圓其說的邏輯矛盾，對方的論點就會不攻自破。

在辯論中，要善於在對方的言辭中捕捉邏輯矛盾予以反擊，讓對方陷入自相矛盾的境地。

巧設條件，取得勝利

所謂巧設條件，就是透過設定某種條件，然後對事物情況做出斷定，以取得論辯勝利的方法。

設定條件是一種獨闢蹊徑的方法，主要是針對對方的一些模糊、荒誕、刁鑽，甚至愚蠢的問題而施展。

在一次會議上，主持人問一個人：「在什麼情況下，二加三不等於五？」

此人略加思忖，回答：「如果一加二不等於三，二加三就不等於五。」

主持人肯定這個巧妙的答案，全場爆出熱烈的掌聲。

巧設條件是一種有力的辯論絕招，想要靈活自如地運用它，就要善於掌握事物之間的必然條件聯繫，並且根據這種條件聯繫，巧妙地設定條件。想要做到這一點，就要具備臨場應變的能力。

找對關係，邏輯推理

客觀事物之間總是存在某種關係，想要在辯論中取勝，就要準確掌握客觀事物之間的關係，關係論證法就是透過準確掌握客觀事物之間的關係以進行辯論的方法。

在這種方法中，根據事物之間的關係是否具有對稱性，可以將其分為對稱、非對稱、反對稱三種情況。

北宋時期，皇帝的兩位親戚因為財產分配不均跑到朝廷告狀，皇帝不知如何是好，只好將這件案子交給宰相張齊賢處理。

張齊賢瞭解案情之後，把告狀的人找來，然後問：「你們認為對方的財產分得多，自己分得少，是嗎？」

「是！」雙方齊聲回答。

張齊賢把他們的意思記錄下來，讓他們簽名畫押，然後說：「既然你們認為對方的財產分得多，現在把你們的財產互相交換，雙方都會感到滿意吧！」

於是，他召來兩個官員，將甲家的人帶到乙家，把乙家的人帶到甲家，所有的財產不移動，分財產的文書相互交換。

這樣一來，雙方都無話可說。

張齊賢處理這件案子的訣竅在於：準確掌握「少於」這種關係。從邏輯上分析，「少於」是一種反對稱關係，甲少於乙，乙必定不會少於甲。雙方認為自己分得的財產少於對方，把雙方的財產互相交換，雙方得到自己認為多的那份，就不會有任何怨言。

布設兩難，進退不能

所謂兩難法，是指窮盡所有可能（通常是兩種可能），使得對手無論承認哪種可能都會失敗的辯論方法。運用兩難法，經常讓對手進退不得。在日常辯論實踐中，兩難法使用的頻率很高，但是很多人在運用這種方法的時候，沒有達到自覺的程度，所以不夠嚴密，容易遭到反駁。正確運用這種方法，要準確掌握辯論中的各種資訊以及對方全面的思想觀點，憑藉快速的綜合能力，布置嚴密的埋伏。

秦國宣太后非常喜愛魏丑夫，太后罹患重病，臨死之前下令：「我死了以後，魏丑夫要為我殉葬！」

魏丑夫知道以後非常恐慌，請求庸芮救他。

庸芮對太后說：「以死者為有知乎？」

太后回答：「無知也！」

庸芮又說：「若太后之神靈，明知死者之無知矣，為什麼要將自己生前喜愛的人用來為沒有知覺的死人陪葬？如果死者有知覺，先王已經長期積怒在心，太后補救過失都來不及，哪裡還有時間和魏丑夫有私情？」

太后聽了，左右為難，只好收回命令，魏丑夫逃過一死。

庸芮對太后說的這番話，就是一個典型的兩難推理：

如果死者無知，為什麼要將自己生前喜愛的人用來為死人陪葬？所以不應該讓魏丑夫陪葬；如果死者有知，太后補救過失都來不及，哪裡還有時間和魏丑夫有私情？也不應該讓魏丑夫陪葬。因此，太后死後有知或無知，都不應該讓魏丑夫陪葬。

「兩難推理」是一種有力的辯論方法，善於使用者可以使對方無法逃出其結論而陷入困境。

相傳，文成公主聰明又美麗，熟讀經、史、詩、文，通曉古卜，是一個極有見識的女子，有許多人向她求婚。

對眾多的求婚者，文成公主提出一個條件：誰可以提出一個難倒她的問題，她就嫁給誰。求婚者提出許多稀奇古怪的問題，但是文成公主都可以對答如流，使他們乘興而來，敗興而歸。

松贊千布知道以後，思考幾天，決定用「兩難術」逼其就範。

松贊千布去見文成公主，坦然懇切地對文成公主說：「請問公主，為了使你成為我的妻子，我應該提出什麼問題，才可以難倒你？」

聰明的文成公主聽了以後，什麼話也沒有說，立刻答應婚事。

文成公主答應婚事，是因為松贊千布的問題已經設下「陷阱」，無論她如何回答，都會陷入困境。

如果文成公主告訴松贊干布一個可以難倒她的問題，松贊干布就會用這個問題難倒她，使她成為自己的妻子。

如果文成公主無法告訴松贊干布一個可以難倒她的問題，松贊干布的這個問題就會難倒她，使她成為自己的妻子。

松贊干布的問題，使文成公主左右為難，無法閃避，只好以身相許。

清代學者紀曉嵐自幼勤奮好學，他還是孩子的時候，經常到書攤上看書。老闆見他只看不買，不耐煩地對他說：「孩子，我們是靠賣書吃飯，想要看書，就買回去看吧！」

紀曉嵐說：「買書就要先看，如果不看，怎麼知道哪本書好？」

「你看了多少書，難道沒有一本好的？」

「你這裡有很多好書，可是我看完以後就會背了，買它何用？」

老闆認為他在說謊，於是拿起一本他看過的書，然後說：「要是你可以把這本書背下來，我就把它送給你；要是你無法背下來，以後不要再來這裡看書！」

「好，一言為定！」紀曉嵐立刻雙手一背，仰頭望天，把那本書背下來。

老闆大吃一驚，讚嘆這個孩子日後必成大器，就把這本書送給紀曉嵐。

紀曉嵐在與老闆的辯論中，充分顯示自己的辯才，使用的方法就是兩難法。

想要用兩難法制伏對方，就要注意各路設卡，使對方無論做出何種選擇都會感到為難，才可以使對方無法逃遁，束手待擒。

有一個縣官非常可惡，來縣衙打官司的百姓如果不給錢，就會被他打得死去活來。

某個藝人編了一齣戲，叫做《沒錢就要命》。演出那天，縣官也去看戲，看見演的是自己，生氣地回到縣衙，命令衙役把這個藝人傳來審問。

那個藝人聽說縣官傳喚自己，立刻穿上龍袍，大搖大擺地跟著去。藝人來到縣衙以後，縣官把驚堂木一拍，喝道：「大膽刁民，看見本官為何不跪？」

藝人指著身上的龍袍說：「我是皇帝，怎麼可以給你下跪？」

「你在演戲，這是假的！」

「既然你知道演戲是假的，為什麼還要把我傳來審問？」

有一個皇帝向全國宣布：「如果有人可以說出一件十分荒唐的事情，使我說出這是謊話，我就把自己的一半江山給他。」

人們聞訊，紛紛來到王宮，說出各種謊言，但是全部被皇帝駁回。

某日，一個農民拿著一個斗，來到皇帝面前，說：「你欠我一斗金子，我是來拿金子的。」

皇帝生氣地說：「一斗金子？我什麼時候欠你的？說謊！」

農民不慌不忙地說：「既然是謊話，就要給我一半的江山！」

皇帝急忙改口說：「不！不！這不是謊話。」

農民笑著說：「這樣一來，就要給我一斗金子！」

兩難法是一種有力的辯論方法，有些詭辯者經常用錯誤的兩難來進行攻擊，對此要巧妙破解。

正確運用兩難法要注意：在前提中，條件命題必須真實；析取命題的時候，必須完全列舉某個方面的情況；必須遵守條件命題和析取命題的推演規則。

兩難推理，四種形式

簡單構成的兩難推理

所謂「簡單」，是因為這個推理的結論是一個簡單判斷（直言判斷）；所謂「構成」，是因為在推理過程中運用充分條件假言推理的肯定前件式，由肯定兩個假言前提的前件而肯定它們的後件。

古希臘有一個國王，想要處死一批囚徒。當時流行的處死方法有兩種：一種是砍頭，另一種是絞刑。怎樣處死這批囚徒？他決定讓囚徒自己挑選一種。挑選的方法是這樣的：囚徒可以任意說出一句話，而且這句話可以立刻驗證真假。如果囚徒說真話，處以絞刑；如果囚徒說假話，立刻砍頭。結果，囚徒不是因為說真話而被絞死，就是因為說假話而被砍頭。

在這批囚徒中，有一個囚徒非常聰明。輪到他選擇處死方法的時候，他說出一句巧妙的話，使得國王無法把他絞死，也無法把他砍頭，只好把他放了。

這個聰明的囚徒說：「要對我砍頭。」

這句話使得國王左右為難：如果把他砍頭，表示他說真話，說真話應該被絞死；如果把他絞死，表示他說假話，說假話應該被砍頭。無論砍頭或是絞死，都無法執行國王原來的決定，結果只好把他放了。

從推理形式來看，這個囚徒是在構造一個「簡單構成」的兩難推理：如果把他砍頭，會違反國王原來的決定；如果把他絞死，也會違反國王原來的決定。無論砍頭或是絞死，都會違反國王原來的決定。

簡單破壞的兩難推理

所謂「破壞」，是因為在推理過程中運用充分條件假言推理的否定後件式，由否定兩個假言前提的後件而否定它們的前件。

複雜構成的兩難推理

所謂「複雜」，是與前述的「簡單」相對而言，是指這個推論的結論是一個複合判斷（選言判斷），其特點是：選言前提的兩個選言肢分別肯定兩個假言前提的不同前件，結論的兩個選言肢分別肯定兩個假言前提的不同條件。

有一次，趙飛燕在漢成帝面前告狀，誣陷班婕妤曾經向鬼神詛咒成帝。成帝得知以後大怒，立刻傳訊班婕妤。

傳訊中，班婕妤從容地回答：「妾聞『死生有命，富貴在天』，修善尚且不能得福，為邪還可以得到什麼？如果鬼神有知，它們不會接受壞人的訴說；如果鬼神無知，向它們詛咒又有什麼用處？因此，我不會那樣做。」

漢成帝聽了以後，甚感言之成理，命令班婕妤退處後宮。

在班婕妤的回答裡，她沒有回答自己有沒有向鬼神詛咒，而是把漢成帝的注意力引向有利於自己的話題——「鬼神天命」。

如果鬼神有知，它們不會接受壞人的訴說；

如果鬼神無知，向它們詛咒沒有什麼用處；

鬼神有知，或是鬼神無知；

總之，不會接受詛咒，或是詛咒無用。

透過這個兩難推理說明，無論鬼神是何種情況，詛咒成帝對自己沒有好處，進而證明自己沒有向鬼神詛咒，非常有利地向成帝澄清是非。

複雜破壞的兩難推理

複雜破壞的特點是：選言前提的兩個選言肢分別否定兩個假言前提的不同後件，結論的兩個選言肢分別否定兩個假言前提的不同條件。

隋文帝楊堅不相信風水之類的鬼話，他用自己家庭的具體事實來證明風水不可信。他這樣論證：

「我家的墓地，若云不吉，我不會貴為天子；若云吉，我弟弟不會戰死。」整理為邏輯推理形式是：

如果我家的墓地不吉利，我不會當上皇帝；
如果我家的墓地吉利，我弟弟不會死在戰場上；
現在我當上皇帝，我弟弟卻死在戰場上，我家的墓地談不上吉利，也談不上不吉利。

以虛剋實，出奇制勝

辯論的時候，運用以「虛」克「實」、以「實」制「虛」，可以左右逢源，主動靈活。

在莎士比亞《威尼斯商人》一劇中，描述波西亞巧用計謀戰勝夏洛克的故事。

安東尼奧向夏洛克借三千金幣，夏洛克為了報復安東尼奧，提出條件：如果到期無法還錢，就要從安東尼奧身上割下一磅肉，並且要安東尼奧立下借據為憑。借期到了，安東尼奧無法還錢，夏洛克執意要從安東尼奧身上割下一磅肉，並且告到法院。

這個時候，波西亞扮成律師為安東尼奧辯護，她對夏洛克說：「你要請一位外科醫生，以免他流血過多而送命。」

夏洛克非要置安東尼奧於死地，憤怒地說：「借據上沒有這一條。」

波西亞說：「借據上是寫給你一磅肉，可是沒有給你一滴血，表示割一磅肉的時候不能流一滴血。此外，割的肉不能多於一磅，不能少於一磅，否則都是違反契約，將會受到法律的制裁。」

夏洛克左右為難，只好作罷。

「一磅肉」是一個真實的概念，割肉的時候不多不少，正好割下一磅肉，那是不可能的。波西亞以虛剋實，使夏洛克陷入進退不能的境地。

以虛剋實，是虛實相剋法的一種，除此以外，還有以實剋虛、以虛剋虛。

所謂以實剋虛，是指對方運用虛幻的論題來攻擊我們的時候，我們反其道而行，以具體的論題回敬，進而取得辯論的主動權。

有一位財主，召來一個工人，要他回答一個問題：天地之間有多長距離？如果無法回答，扣發一年的工錢。

工人百思不得其解，回到家中，兒子知道此事，第二天來到財主家。

財主問起這個問題，工人的兒子說：「天地之間相距一百二十三萬四千五百六十七公里，一點不多，一點不少。」

「你怎麼知道？可靠嗎？」財主問工人的兒子。

「請你自己去測量，如果不對，我的父親甘願受罰。」工人的兒子得意地說。

財主的問題是一個不存在的數字，工人的兒子聰明機靈，說出一個實際數字，並且要財主自己去驗證，有效回答財主的問題。

生活中，有些人故意刁難別人，虛構一個虛假命題，讓人左右為難。對此，我們也要如法炮製，虛構一個虛假命題與之對抗。

阿凡提開了一家染坊，巴伊想要刁難他。有一天，巴伊來染布，對阿凡提說：「我要染的顏色非常普通，不是紅的，不是藍的，不是黑的，也不是白的，不是綠的，不是黃的，也不是青的，你明白了嗎？」

阿凡提說：「我明白了，一定照辦。」

「我哪一天來取？」

「那一天來吧！不是星期一，不是星期二，也不是星期三和星期四，不是星期五和星期六，更不是星期日。巴伊，你知道了嗎？」

巴伊啞口無言。

巴伊染布，否定所有的顏色；阿凡提以牙還牙，排除來取染布的任何一天，以虛制虛，讓巴伊無言以對。

虛而顯實，弱而示強

虛張聲勢，是指故意假裝出強大的聲勢來恐嚇別人。《百戰奇略・虛戰》云：「凡與敵戰，若我勢虛，當偽示以實形，使敵莫能測其虛實所在，必不敢輕與我戰，則我可以全師保軍。」所以，虛張聲勢也是面臨危機之時的應變術。

劉邦為奪關中，領兵抵達嶢關（陝西藍陽東南）。嶢關是藍陽與關中的交通要隘，易守難攻，也是搶奪咸陽的關鍵。因此，秦軍派遣精銳的兵力把守。劉邦只有兩萬兵馬，如果無法順利拿下此關，項羽就有可能奪去關中。劉邦心急如焚，想要強行攻取。

張良經過調查，認為秦軍勢強，如果妄動，不僅會消耗自己的實力，還會拖延入關時間。於是，張良向劉邦提出智取之策：一方面虛張聲勢，在嶢關四周山上多張旗號，以迷惑守關秦軍，擾亂敵心；另一方面，針對守關將領貪圖小利的特點，派人攜帶重金賄賂守關將領。

果然，嶢關守將見劉邦軍隊聲勢浩大，甚是惶懼，又貪戀錢財，終於倒戈。劉邦引兵過關，向西挺進，兵叩咸陽。

大業年間，隋煬帝率軍與突厥作戰失利，被困於雁門關外。煬帝命人將詔書繫在木板上，投入汾水中，向下游郡縣告急，命令他們募兵救援。

當時，李世民在雲定興帳前任職。李世民瞭解前方的敵情之後，對雲定興說：「敵軍圍困天子，是因為他們料定我軍主力無法及時增援。因此，如果我們將兵力分散，拉開數十里的行列，白天讓敵軍看見旌旗，夜晚讓敵軍聽見鼓聲，敵軍不知虛實，一定會以為援軍迫近，這樣一來，就可以不戰自退。」

雲定興聽從李世民的意見，依計而行。突厥的哨兵看見隋朝大軍連綿不絕，立刻飛報可汗。突厥可汗果然中計，連忙撤去包圍隋煬帝的軍隊。

李世民初入軍旅，獻上虛張聲勢之計，兵不血刃，嚇退敵軍，解除隋煬帝的危急，獲得極高的聲譽。

虛張聲勢在於虛而顯實，弱而示強，經常被用在辯論中，是戰勝對手的有力武器。

誘惑對方，肯定自己

因勢利導，才可以水到渠成。誘導對方否定自己，才是對自己的肯定。

在《莊暴見孟子》中，有一段精彩的論辯：

孟子進見齊宣王，問：「你曾經告訴莊暴，自己愛好音樂，有這麼回事嗎？」

齊宣王有些不好意思，據實而說：「我不是愛好先王清靜典雅的音樂，只是愛好當下世俗流行的音樂。」

「只要你非常愛好音樂，齊國就會治理得很好。在這件事情上，現在的俗樂與古代的雅樂差不多。」

齊宣王說：「可以讓我知道這個道理嗎？」

孟子說：「一個人欣賞音樂的快樂，與多數人欣賞音樂的快樂，哪一個更快樂？」

齊宣王說：「與多數人欣賞音樂更快樂。」

孟子說：「與少數人欣賞音樂的快樂，與多數人欣賞音樂的快樂，哪一個更快樂？」

齊宣王說：「與多數人欣賞音樂更快樂。」

孟子立刻接著說：「就讓我為你講述什麼是真正的快樂吧！假如你在這裡演奏音樂，老百姓聽到鳴鐘擊鼓、吹簫奏笛的聲音，愁眉苦臉地議論紛紛，我們的國王如此愛好音樂，為什麼要使我們如此窮困？沒有其他原因，就是因為國王只追求自己的快樂，不和百姓同樂；假如你在這裡演奏音樂，老百姓聽到鳴鐘擊鼓、吹簫奏笛的聲音，眉開眼笑地互相告訴：我們的國王大概很健康吧，否則怎麼可以演奏音樂？沒有其他原因，就是因為國王和百姓同樂。如果國王可以和百姓同樂，就可以成就王業，統一天下。」

孟子在這段論辯中，使用因勢利導的辯術，最後得出結論，達到說服齊宣王與民同樂的目的。

「因勢利導」出自《史記‧孫子吳起列傳》，原文是「善戰者因其勢而利導之」。在辯論中，因勢利導的辯術有很大的作用。「勢」是對方思想發展的趨勢，也是「導」的條件，只有找到「勢」，才可以進行「導」。「導」是疏導，就是在辯論中依循對方思想發展的趨勢，由淺入深提出許多問題，逐漸否定對方的觀點，最後得出正確的結論。

旁敲側擊，逆勢順取

齊魯兩國都是周朝初期分封的千乘大國，作為鄰國，原本世代友好，但是到了春秋時期，魯國逐漸衰弱，齊國逐漸強盛，兩國的關係變得時好時壞，時而結盟，時而發生戰爭。

西元前六三四年夏天，齊孝公親率戰車兩百乘，士卒萬餘人，向齊魯邊境進發，準備攻打魯國。

齊孝公為什麼要攻打魯國？當時，齊桓公已經死了九年，齊孝公想要繼承其霸業，號令諸侯，稱霸中原。但是他沒有齊桓公的魄力和才能，也沒有管仲那樣的賢臣輔佐，齊國的國力已經不如以前，因此諸侯離心，號令不靈。齊孝公想要以征伐來重振國威，但是現在齊國無法攻打其他強國，只有攻打鄰近弱國，才有取勝的把握。這個時候，魯國發生饑荒，齊孝公決定攻打魯國。

魯僖公得到消息，不敢派兵迎戰，命令展喜帶著酒肉糧帛去慰勞齊軍。名義上是勞軍，實際上是要展喜說服齊孝公退兵。展喜非常苦惱，只好請教自己的哥哥展禽。展禽，又叫做柳下惠，頭腦敏銳，富有謀略，而且善於辭令。他向弟弟面授機宜：「齊孝公攻打魯國，目的在於繼承齊桓公的霸業。齊桓公可以稱霸中原，不僅依靠武力征服，也以尊重周王室為號召。你如果以周朝先王之命去說服齊孝公，一定可以成功。」

展喜聽了以後，立刻驅車向邊境趕去。來到邊境的時候，齊軍正好到達。趁著齊軍尚未進入魯國，展喜迅速出境相迎，並且對齊孝公說：「我國國君聽說你在百忙中親自前來，即將屈尊駕臨我國，命令我來慰勞你們。」

齊孝公問：「魯國人害怕嗎？」

展喜回答：「平民百姓害怕，但是君子大人不怕。」

齊孝公哼了一聲：「不怕？魯國赤地千里，田裡一根青草也沒有，百姓無隔夜之糧，你們憑什麼不怕？」

展喜從容地回答：「我們憑藉的是周朝先王的命令。」

「什麼？」齊孝公疑惑地問：「先王的命令和你們怕不怕有什麼關係？」

展喜說：「從前，周公和姜太公協助周武王滅商，後來共同輔佐周成王，功勳卓著。姜太公被封為齊侯，周公的長子被封為魯侯。周成王慰勞他們，特賜齊魯兩國結盟。盟約中寫道：『世世代代，子孫不要互相傷害。』這個盟約至今還保存在盟府裡，由太史掌管。」

展喜接著說：「後來，齊桓公與諸侯結盟，解決他們的糾紛，彌補他們的過失，將他們從戰爭的災難中拯救出來。齊桓公這樣做，表示他正在履行太公輔佐周王室的固有職責。」

展喜對齊孝公說：「你即位之後，諸侯期待地說：『他會遵循齊桓公的功業！』魯國人也認為不必聚集軍隊來防守東面邊境。」

展喜繼續說：「對於你這次駕臨，魯國不認為是來攻打我國，人們說：難道他即位九年，就會拋棄周朝先王的命令？就會廢棄諸侯固有的職責？如果這樣，怎麼對得起齊國的先王？我和魯國其他人一樣，認為你一定不會這樣做。我國的人民正是憑藉這一點，所以不感到害怕。」

齊孝公沉默片刻，然後對展喜說：「大夫言之有理。」他吩咐左右收下展喜帶來的物品，命令齊軍離開齊魯邊境，回歸齊國都城臨淄。

在辯論中，旁敲側擊是指在正面攻擊難以收效的情況下而採取的方法。從旁邊敲打，從側面攻擊，既要說明道理，給對方指點和震撼，又要給對方留有臉面，避免直接的激烈衝撞，使對方在無可奈何之下，最終同意己方的觀點。

層層遞進，攻擊對手

層層遞進，形如剝筍，由表及裡，由淺入深，可以步步進逼，最終達到目的，是人們經常使用的邏輯方法。

戰國時期，齊威王有一個怪癖——長夜喝酒。夜幕降臨的時候，他都會喝得酩酊大醉。淳于髡想要尋找機會，勸說他徹底改變。

有一天，齊威王大擺宴席，邀請淳于髡陪酒，淳于髡認為機會來了。席間，齊威王問淳于髡：「先生喝多少酒才會醉？」

淳于髡說：「喝一斗也醉，喝一石也醉。」

齊威王不解地問：「喝一斗就醉了，怎麼可能喝一石？」

淳于髡說：「你在前面賜給我佳餚美酒，卻命令法官緊緊盯住我，我害怕地趴在那裡喝酒，喝一斗就醉了。如果遇到尊敬的客人，我捋起袖子，笑吟吟地給客人敬酒，可以喝兩斗。如果朋友重逢，話題如絲，可以喝五六斗。如果鄉里聚會，男女傾談，喝酒行令，即使喝八斗，可能只醉二三分。如果夕陽西下，酒席將散，用同一個酒杯喝酒，就會喝得酩酊大醉，也會失禮了——杯盤狼藉，語言混亂，甚至男女互相踩著對方的腳，這就是酒極生亂，樂極生悲……世間的萬事萬物，也是同樣的道理啊！」

使用層層遞進，應該根據論辯需要而定：如果開門見山難以奏效，可以採用這個方法；如果單刀直入可以取勝，不必使用這個方法，以免不得要領。

層層遞進作為論辯技巧，是指論辯要有層次性。論辯或是攻防，都要像剝筍一樣，由淺入深，由表及裡，步步深入。

孟子對齊宣王說：「假如你有一個臣子，把妻子和兒子託付給朋友照顧，自己奉命到楚國遊歷訪問。他回來的時候，發現妻子和兒子在挨餓受凍。對於這種朋友，應該怎麼辦？」

齊宣王回答：「和他絕交。」

孟子說：「假如負責刑罰的長官無法管理自己的部下，應該怎麼辦？」

齊宣王回答：「罷免他。」

孟子說：「假如國家治理不好，應該怎麼辦？」

齊宣王聽了，覺得無法回答，看看左右的人，談論其他事情。

孟子由小至大，由遠至近，由輕至重，逐漸觸及論題本質，使得齊宣王無言以對，只好岔開話題。層層遞進必須準確掌握對方心理，主動出擊，從對方容易接受的觀點著手，因勢利導，展開論辯。在侯白的《啟顏錄》中，有一個「官學狗叫」的故事：

侯白沒有做官以前，住在家鄉，無甚名聲，但是已經初露鋒芒。當地的縣官到任的時候，侯白立刻去拜見。回來以後，他對幾個朋友說：「我可以讓新來的縣官學狗叫。」朋友說：「你怎麼可能讓縣官學狗叫？如果你可以做到，我們請你喝酒；如果你無法做到，就要請我們喝酒。」侯白答應了。

於是，侯白進入縣衙參見縣官，那些朋友在門外看著。

縣官問：「你又來見我，有什麼事情嗎？」

侯白回答：「你剛到此地，鄉里有一些事情，要向你請示。你到任之前，此地盜賊甚多，希望你下令讓各家各戶養狗，狗看見盜賊就會狂叫，這樣一來，盜賊就會停止偷盜。」

縣官問：「如果是這樣，我家也要養一隻會叫的狗，怎樣才可以挑選到這樣的狗？」

侯白回答：「我家有一群剛生下來的小狗，但是牠們的叫聲與其他的狗不同。」

縣官問：「牠們是怎樣叫的？」

侯白回答：「牠們『嗚嗚』地叫。」

縣官說：「你完全不會識別好狗的叫聲！好狗應該『汪汪』地叫，『嗚嗚』叫的狗，不是善叫之狗。」

侯白的朋友在門外聽了，無不掩口而笑。侯白看到自己贏得一桌酒席，對縣官說：「我知道了，我要去尋訪善叫的狗。」說完，就向縣官告辭。

以此類推，以此類比

由遠及近，由此及彼，依此類推，依此類比，是辯論中經常使用的邏輯技巧，也是邏輯連貫性的重要表現。

由遠及近的辯論方法，是一個推理過程，使用這個方法的時候要注意：不要過早暴露目標，以防對方有心理準備；剛開始的話題要隱秘，但是不能距離論題太遠，要注意與論題的聯繫；要注意辯論推理過程的邏輯性。

戰國時期，楚襄王是一個昏庸的國君。莊辛直言進諫，楚襄王不聽，並且訓斥莊辛是「老糊塗」。莊辛只好離開楚國，來到趙國。

不久，秦國佔領楚國許多土地，楚襄王有所醒悟，於是把莊辛找回來商量對策。

莊辛說：「蜻蜓捕食蟲子，自以為沒有禍患，不知道孩子用黏膠捕捉它，然後成為螞蟻的食物。黃雀俯啄白米，仰棲高枝，自以為沒有禍患，不知道公子王孫要把它射下，然後做成佳餚。黃鵠直上雲霄，自以為沒有禍患，不知道射手要把它射下來，然後做成食物。蔡靈侯南遊高丘，北登巫山，飲茹溪之水，食湘江之魚，左手抱著年輕的美女，右臂挽著寵幸的姬妾，不以國政為事，不知道子發受楚王之命要把他殺掉。你左邊有州侯，右邊有夏侯，御車後面跟著鄢陵君和壽陵君，食封地俸祿之米粟，用四方貢獻的金銀，與他們馳騁射獵於雲夢之間，不以天下國家為事。你不知道穰侯正在接受秦王的命令，他們的軍隊要佔領我們的國家，把你驅趕到國外！」

楚襄王聽了以後，「顏色變作，身體戰慄」，立刻授給莊辛執圭的爵位。

類比相推，靈活機動

富蘭克林和傑弗遜都是美國的開國元勳。當時，傑弗遜年輕氣盛、文采過人，不喜歡別人對自己寫的東西品頭論足。他起草《獨立宣言》以後，將其交給委員會，然後坐在會議室外面，等待審查通過。

可是過了很久不見回音，他開始不耐煩了。

坐在他身邊的富蘭克林，唯恐這樣下去會發生衝突，為他講述以下這個故事：

有一個年輕人想要開一間帽店，他覺得一個醒目的招牌對生意很有幫助，於是設計一個招牌：「湯普森帽店——製作和現金出售各式禮帽」，下面畫了一個帽子。他得意地把這個設計拿給朋友看，請他們提出意見。

第一個朋友看了以後，不客氣地說：「帽店」一詞，與「出售各式禮帽」語義重複，建議刪去；第二個朋友說：「製作」一詞也可以不要，因為顧客不關心帽子是誰製作的，他們關心的是帽子的品質和樣式；第三個朋友說：「現金」二字實在多餘，因為本地市場習慣現金交易，一定會支付現金。接受他們的意見以後，這個設計只剩下：「湯普森出售各式禮帽」和那個帽子。

「出售各式禮帽？」最後一個朋友對這個詞語也不滿意。「誰也不指望你送給他，留下那樣的詞語有什麼用？」他把「出售」畫去，想了一會兒，也把「各式禮帽」刪掉，理由是：下面已經畫了一個帽子！

帽店開張以後，來往顧客看見招牌上寫著「湯普森」幾個大字，下面是一個新穎的禮帽圖樣，異口同聲稱讚這個招牌做得很好。

聽完這個故事，傑弗遜明白富蘭克林的意思，自負而焦躁的情緒逐漸變得平靜。《獨立宣言》草案經過眾人精心修改以後，成為內容深刻的不朽文獻。

富蘭克林巧妙地運用類比，達到勸說傑弗遜的目的。

所謂類比論證，就是在考察兩類事物某些相同或相似屬性的基礎上，推斷它們的其他屬性也會相同或相似的辯論方法。這種方法靈活機動，變化無窮，可以充分表現辯論才華。

齊景公問子貢：「你的老師是誰？」

子貢回答：「魯國的仲尼。」

「仲尼是賢人嗎？」

「是聖人啊！豈止是賢人？」

「他是什麼樣的聖人？」

「不知道。」

齊景公怒氣衝衝地說：「剛才你說仲尼是聖人，現在又說不知道，這是什麼意思？」

子貢回答：「我終身戴天，不知道天有多高；我終身踐地，不知道地有多厚。我求學於仲尼，就像拿著勺子到江海中飲水，滿腹而去，怎麼知道江海有多深？」

類比相推用於辯論中的反駁，更可以顯示其論證性與機智性。妥善運用類比反駁，就會具有無法辯駁的邏輯力量，而且非常幽默。

一位牧師向一位黑人領袖提出疑問：「先生有志於解放黑人，非洲的黑人多，為何不去非洲？」

黑人領袖回答：「閣下有志於拯救靈魂，地獄的靈魂多，為何不下地獄？」

明代文學家馮夢龍的《古今譚概》中，記載一個故事：

翟永齡的母親信奉佛教，每天不停地念經。

有一天，翟永齡假裝有事呼喚母親，母親回應一聲，翟永齡又不停地呼喚，母親生氣地說：「沒有事情，為什麼喊個不停？」

翟永齡對母親說：「我叫你幾聲，你就厭煩了，菩薩每天被你呼喚千萬聲，會有多麼生氣啊！」

一言既出，翟永齡的母親悟出許多道理。

這個故事也可以讓我們悟出一些道理：以這種現象類比那種現象，以這個道理類比那個道理，以已知類比未知，由現象一致達到結論一致，可以生動地證明自己的觀點。

類比辯論，五種類型

類比辯論有很多類型，常見的有以下五種：

轉移類比

《孟子・公孫丑下》記載：齊宣王因為沒有聽從孟子的勸告，結果使燕國反叛齊國。齊宣王感到非常慚愧，但是齊國大夫陳賈在孟子面前為齊宣王解釋。

陳賈問：「周公是什麼樣的人？」

孟子回答：「古代的聖人。」

陳賈問：「周公派管叔去監督殷國，結果管叔帶領殷國反叛，有這件事情嗎？」

孟子回答：「有。」

陳賈問：「周公是不是知道管叔會反叛，所以派他去？」

孟子回答：「不知道。」

陳賈問：「既然如此，聖人有時候也會有過錯吧？」

孟子回答：「古代的君子有錯就改，現在的君子將錯就錯。古代的君子有錯，就像日蝕月虧一樣，每個人都可以看見。等到他改正以後，每個人都會敬仰他。現在的君子，豈止是將錯就錯，還要找藉口為自己辯護。」

轉移類比，是指一方以兩類事物進行類比，推出某個結論的時候，另一方轉換一個角度，也運用這兩類事物進行類比，推出完全不同的結論。這種方法的最大特點是：避開對方的結論，直接觸及其實質。

同向類比

第二次世界大戰期間，美國經濟學家亞歷山大·薩赫斯向羅斯福總統呈上一封由英國物理學家西拉德起草、愛因斯坦簽署的重要信件，內容是督促美國政府要在希特勒政府之前研製原子彈。

然而，羅斯福看了以後，卻不以為然。為了說服總統，薩赫斯與羅斯福共進午餐的時候，講述一個故事：

有一天，輪船發明家羅伯特·富爾頓去拜訪拿破崙，建議他成立一支由蒸汽機船組成的艦隊，在氣候惡劣的情況下，也可以順利地在英國登陸。可是，剛愎自用的拿破崙不相信，竟然發狂地嘲笑富爾頓：「軍艦不用帆？用你發明的蒸汽機？哈哈，簡直是不可思議！」

結果，天才的科學家被轟出去。

如果拿破崙接受這個建議，世界歷史就會改寫。羅斯福聽了這個故事，終於被說服，接受西拉德和愛因斯坦的建議。

薩赫斯與羅斯福的談話中，包含一個同向類比推理：

富爾頓向拿破崙建議，成立一支由蒸汽機船組成的艦隊，被拿破崙拒絕，所以拿破崙失敗了。如果拿破崙接受這個建議，就有可能獲得勝利。現在我們建議，在希特勒政府之前研製原子彈，與富爾頓對拿破崙的建議類似。如果你不接受這個建議，就有可能像拿破崙那樣失敗；如果你接受這個建議，就有可能獲得勝利。

羅斯福認為薩赫斯的類比很有道理，所以接受他的建議。

同向類比，是以兩個在許多屬性上相同的對象進行比較，由此類對象有某種屬性而推出彼類對象也有這種屬性。

反向類比

反向類比，是以兩個在許多屬性上不同的對象進行比較，以此來推論和駁斥對方的觀點，進而達到具體生動的辯駁目的。

由於「反向類比」的本象（想要證明或駁斥的論題和證據）與類象（用來類比的事例）之間，既有聯繫，又有區別，因此可以產生幽默詼諧的效果。

一位作家對廚師說：「你沒有從事寫作，因此無權對我的作品提出批評。」

廚師反唇相譏：「豈有此理！我這輩子沒有下過蛋，可是我可以嘗出炒雞蛋的味道，母雞可以嗎？」

廚師將作家寫作與母雞下蛋進行類比，反駁作家只有從事寫作才可以對作品提出批評的論題，使人忍俊不禁。

隱含類比

有一次，拿破崙對自己的秘書說：「布里昂，你也會永垂不朽。」

布里昂迷惑不解，拿破崙提示他：「你不是我的秘書嗎？」

布里昂明白他的意思，微微一笑，從容不迫地問他：「請問，亞歷山大的秘書是誰？」

拿破崙無法回答，高聲喝采：「問得好！」

拿破崙認為，布里昂可以藉由自己的名聲而揚名後世，布里昂反駁這個觀點的時候，沒有直接反駁，而是委婉迂迴，以亞歷山大的秘書與自己進行類比。現在的人們不知道亞歷山大的秘書是誰，以後的人們也會忘記拿破崙的秘書是誰，因此拿破崙的觀點是錯誤的。

隱含類比，是指不直接以兩類事物進行對比，而是針對其中一類事物進行說明，真正的結論留給對方去領悟。這種方法具有啟發性和暗示性，因此比直接辯論的接受性更高，將類比推理隱含在語言形式中，在語言的表層不顯露，但是在語言的深層，蘊含難以置辯的力度，使論辯含蓄而有力。

直觀類比

直觀類比，是指運用真實感人的具體事例，透過事物之間的微妙聯繫進行推理，使辯駁具體而生動，不糾纏於抽象爭論，而是把問題引入具體事例中，避免抽象說理的枯燥。

類比是機智和聰慧的產物，需要辯論者將尋常的事例加以不同尋常的聯想，結合本象和類象，產生獨特的魅力。這樣一來，要求辯論者開拓思維，把握事物之間的聯繫，觸類旁通，舉一反三，急中生智，快中求妙。只有這樣，才可以使自己的類比不同凡響，具有強烈的說服力。

想要提高類比推理的可靠性，就要做到以下幾點：

（1）類比對象的共同點越有本質性，推出的結論越可靠。

（2）類比對象在已知相似或相同的屬性與推出的屬性之間相關的程度越高，推出的結論越可靠。

（3）類比對象之間共同的屬性越多，推出的結論越可靠。

小中見大，觸類旁通

小中見大，窺局部而見整體，對事物的辯駁也是如此，從對方的謬誤進行反駁，然後由小及大，反駁對方的所有論點。

小中見大，是指辯論者以其敏感性和觀察力，掌握某個最可以反映事物本質的特點，觸類旁通，引申擴張，進而達到論證自己觀點正確、反駁對方論點荒謬的目的。

運用這個方法的時候，必須集中火力攻其要害，進而擴大戰果。最重要的是：其中的「小」必須與「大」有必然聯繫，否則就會犯下以偏概全或是推理不當的錯誤。

以小放大，歸謬反駁

歸謬反駁是一種邏輯方法，在邏輯學中稱為歸謬：從對方的論題出發，引出一個非常荒謬的結果，以證明對方的論題虛假。這種方法可以擴大隱藏在深處的荒謬，進而使其荒謬結論暴露無遺。因此，有些人將其稱為「邏輯學中的顯微鏡」，在辯論中被廣泛使用。

在辯論的過程中，很多人會運用這種方法，將對方的論點進行擴充和引申，然後找出一個特殊事例，使其與對方的結論相悖，進而駁倒對方的論點。

春秋時期，管仲輔佐齊桓公完成霸業。管仲病危的時候，齊桓公前往探視。

齊桓公問：「你的病已經很嚴重，有什麼話要吩咐我嗎？」

管仲說：「我希望你可以疏遠易牙、豎刁、公子啟方，他們將來對你和國家很不利。」

齊桓公問：「易牙烹煮自己的兒子，讓我嘗嘗人肉的味道，難道還可以懷疑嗎？」

管仲說：「從人類的感情來說，沒有哪個人不愛自己的孩子，易牙連自己的兒子都不愛，怎麼可能愛你？」

齊桓公問：「豎刁閹割自己來侍奉我，難道還可以懷疑嗎？」

管仲說：「從人類的感情來說，沒有哪個人不愛惜自己的身體，豎刁連自己的身體都不愛惜，怎麼可能愛惜你？」

齊桓公問：「公子啟方侍奉我十五年，他父親死的時候也沒有回去奔喪，難道還可以懷疑嗎？」

管仲說：「從人類的感情來說，沒有哪個人不愛自己的父親，公子啟方連自己的父親都不愛，怎麼可能愛你？」

齊桓公終於有所悔悟，答曰：「諾！」

管仲以其敏銳的觀察力，透過對易牙、豎刁、公子啟方的精闢分析，預測事物的發展趨勢，做出精彩的論辯，具有強烈的說服力。

以其人之道，還治其人之身

「以其人之道，還治其人之身」，達到害人者害己的目的，似乎是一種陰謀詭計，但是只要妥善運用，也是一種有力的辯論方法。

請君入甕以後，就可以逼對方抉擇，提供若干可能情況給對方，並且要其從中做出選擇，進而制伏對方。

一個皇帝腳踩馬蹬，挺身懸空，問一個年輕美麗的女孩：「你說我是上馬還是下馬？」

女孩沒有正面回答，而是一隻腳踩在門外面，一隻腳踩在門檻上，反問皇帝：「你說我是進門還是出門？」

皇帝啞口無言。

明朝萬曆年間，海鹽縣有一個女子還沒有出嫁，有一個惡少想要娶她，但是她的父親不同意，惡少誣告說他已經娶了這個女子為妻。

縣官把女子叫到面前，然後突然問惡少：「既然你是這個女子的丈夫，她手上的疤痕是在左手還是在右手？」

惡少目瞪口呆，無法回答。

毛拉去市集買驢子，賣驢子的地方擠滿鄉下來的農民。

有一個衣冠楚楚的人經過那裡，說：「這個地方不是農民，就是驢子。」

毛拉問：「先生，你一定是農民？」

衣冠楚楚者說：「不，我不是農民。」

毛拉說：「你是什麼？」

衣冠楚楚者察覺毛拉話中有話，不禁窘態百出。

模仿對手，反駁有力

運用對方的語言形式來反駁對方，就會讓對方無力還擊。在說辯中，對於模仿術的運用，是制敵的重要方法。怎樣模仿才會最有效果？以下介紹幾種常用的方法：

模仿臨近的事物

模仿對方的邏輯錯誤，拿來反駁對方的觀點，可以產生釜底抽薪的效果。

模仿對方的說辯，形成一個相似的喻例

模仿對方的說辯，形成一個相似的喻例，然後以喻例向對方提問，造成「以其人之道，還治其人之身」的效果。

直接模仿對方

直接模仿對方的語言形式，或襲句諷刺，或換詞反擊，或以謬制謬，達到「以其人之道，還治其人

之身」的效果。

幽默大師馬克・吐溫喜歡向別人借書，他的鄰居想出一個方法，以期改變他的習慣。馬克・吐溫要借書的時候，這個鄰居說：「可以，但是我制定一個規則：從我的圖書室借去的圖書，必須當場閱讀。」

一個星期以後，這個鄰居向馬克・吐溫借用割草機。馬克・吐溫說：「可以，但是我制定一個規則：從我的倉庫借去的割草機，只能在我的草地上使用。」

有一次，喬伊森-希克斯在演講的時候，看到邱吉爾搖頭表示不同意，就說：「我想要請議員們注意，我只是在發表自己的意見。」

邱吉爾立刻回答：「我想要請演講者注意，我只是在搖自己的頭。」

蕭伯納派人送兩張戲票給邱吉爾，並且附上短箋：「親愛的溫斯頓爵士，送上兩張戲票，希望你可以帶朋友來觀賞《賣花女》的首場演出，假如你這樣的人也有朋友。」

邱吉爾看了短箋以後，當然不肯示弱，立刻寫了一張回條：「親愛的蕭伯納先生，蒙賜兩張戲票。我和朋友因為有約在先，無法觀賞《賣花女》的首場演出，但是我們會觀賞第二場演出，假如你的戲有第二場觀眾。」

反駁論據，直接有力

在反駁錯誤觀點的時候，我們可以反駁對方的論點，也可以反駁對方的論據，還可以反駁對方的論證。但是相對來說，反駁對方的論點，是一種最直接的方法。

「擒賊擒王，直接破的」，是一種在辯論中直接反駁對方論點的方法，這種方法直接揭示對方論點的錯誤，或是邏輯上的混亂。直接反駁對方論點的具體方法很多，可以舉出事實反駁，也可以進行分析反駁，還可以澄清概念反駁。

在具體的辯論中，只要檢驗對方的論題，就可以瞭解其是否虛假。

有一個人拜訪一位將軍，他拿出自己發明的制服，並且宣稱這件制服可以防彈。

「好啊，你穿上它！」

將軍說著，按鈴叫來隨從：「請上校帶一把槍來這裡。」

將軍回頭一看，那個人已經不見蹤影。

尋找缺口，反駁對手

辯論的過程，是一個對抗與反對抗的過程。在對抗中，又以例證對抗最常見。有一些對抗的例證，表面上看來牢不可破，實際上如果稍做推敲，還是可以反對抗。

在辯論的過程中，如果對方設下陷阱，以謬論刁難，企圖造成進退兩難的局面；答，顯示無知；不答，顯示無能，此時用「以謬制謬」最適當。

以謬制謬有兩種方法：對對方的邏輯和結論不做正面反駁，而是把它們作為前提加以演繹和引用，引到一個顯而易見的荒謬結論上，再由結論荒謬反證對方荒謬；模仿對方的推理方法，使荒謬升級，進而達到制伏對方的效果。

指桑罵槐，一語雙關

有時候，一些話很難說出口，可以改變說話的方法。指桑罵槐，是一種間接表達自己意見的方法，可以用在對別人的辱罵上，也可以用在很難表述的觀點上。

蘇軾到天目山遊玩一天，又累又渴，看見一個寺廟，高興地過去要杯水喝。

廟裡的老和尚看見穿著普通的蘇軾，勢利地不理他，蘇軾見此情形，只好報上姓名。老和尚一聽，完全變了模樣，百般殷勤地奉上好茶。蘇軾欲離去之時，老和尚堆起一臉諂笑，要求題字留念。

蘇軾拿起筆來，寫了一幅字：「日落香殘，掃去凡心一點。火盡爐寒，來把意馬牢拴。」老和尚得到蘇軾的手墨，十分興奮，立刻掛到大堂上，並且對著過往香客炫耀一番。

有一天，來了一個文人，對著掛在大堂上的這幅字捧腹大笑。他上氣不接下氣地對老和尚說：「日落香殘是『禾』字，凡字去一點是『几』字，合起來就是禿字。爐去火是為『盧』，再加上馬就是『驢』，他在罵你是禿驢，哈哈！」

南宋奸臣張俊，貪財好色，但是他有權有勢，誰也不敢惹他。

有一次，宋高宗請大臣們喝酒，叫來一班藝人說笑取樂。其中一個藝人走到台前，宣稱自己可以透過銅錢的方孔，看出每個人是哪個星宿的化身。

大臣們爭先恐後請他看，他清楚說出這些大臣是什麼星宿。輪到張俊的時候，藝人故意看了又看，然後裝出認真的樣子說：「真的看不出是什麼星宿，只有看見張老爺坐在錢眼裡。」

眾人剛開始不明白，後來忽然領悟其用意，哄堂大笑。

這個藝人說的那句話就是雙關語，表面上是說張俊坐在錢眼裡，實際上是罵張俊貪財。

在日常生活中，直接辱罵別人，別人很容易聽出來，如果說話者是利用會話隱涵來侮辱人，聽話者更應該注意，不僅要聽出對方的惡意，也可以「以其人之道，還治其人之身」，給對方含蓄的回擊。

指桑罵槐，應該從兩個方面理解：運用各種謀略，「指桑」而「罵槐」，施加壓力配合行動。對於弱小的對手，可以警告利誘，不戰而勝；對於強大的對手，可以旁敲側擊，加以威懾。

指桑罵槐的優點是：不直接針對具體對象，但是透過故事的情境性，可以轉換出受眾對強調事物的感受性。

我們要特別注意，指桑罵槐不能經常使用，只有在某些特殊場合才可以使用，如果濫用此術去攻擊朋友，只會導致眾叛親離的惡劣後果。

繞遠求近，迂迴誘導

目標在東而先向西，欲要進攻先行退，避其鋒芒，迂迴誘導，這是以迂為直的方法在巧辯中的應用。

西元前二六五年，趙國的趙太后執政不久，秦國發兵來進攻。趙國求救於齊國，齊國提出必須以趙太后的兒子長安君做人質，才會發兵相救。但是趙太后捨不得兒子，堅決不允。

趙國危急，群臣紛紛進諫。趙太后堅決地說：「從今日起，誰再說用長安君做人質，我就往他臉上吐口水！」大臣們不敢再說。

有一天，老臣觸讋要面見趙太后，趙太后認為觸讋一定是來勸說自己用長安君做人質，氣勢洶洶地等着他。

沒想到，觸讋慢條斯理地走進來，見了太后，關心地說：「我的腳有毛病，行走不便，因此很久沒有來看你，我擔心你的身體不舒服，今天特地來探視。怎麼樣？你的飯量沒有減少吧？」

太后回答：「我每天都吃粥。」

觸讋又說：「我近來食欲不振，但是每天堅持走路，飯量有所增加，身體也比較舒服。」

趙太后的怒氣逐漸消散，兩個老人親切地攀談。

觸讋向趙太后請求：「我的小兒子舒祺，最不成才，可是我最疼愛他，懇求太后允許他到宮中擔任衛士。」

太后問：「他幾歲了？」

觸讋回答：「十五歲。他年歲雖小，但是我想要趁我在世的時候託付給你。」

太后說：「你們男人也會疼愛兒子嗎？」

觸讋說：「恐怕比你們女人更勝一籌！」

太后不服氣地說：「不可能，還是女人更疼愛兒子。」

觸讋說：「我認為你不夠疼愛兒子，沒有你疼愛女兒那樣深。」

太后不同意觸讋的這個說法，觸讋解釋：「父母疼愛孩子，必須為孩子做長遠的打算。你送女兒出嫁燕國的時候，雖然為她的遠離而傷心，可是又禱祝她不要返回，希望她的子孫相繼在燕國為王。你為她想得如此長遠，這才是真正的愛。」太后信服地點點頭。

觸讋接著說：「現在你賜給長安君許多土地和珠寶，如果不使他有功於趙國，等到你去世以後，長安君可以自立嗎？所以我說，你對長安君不是真的疼愛。」

觸讋這番話，說得趙太后心服口服。趙太后立刻吩咐給長安君準備車馬禮物，送他去齊國做人質，齊國出兵解救趙國之圍。

觸讋勸說趙太后，就是運用「以迂為直」策略的典範。

這種「以迂為直」的策略，結合明確的目的性與戰術的靈活性，避對方所長，攻對方所短，進攻路線帶有隱秘性，並且符合對方的心理需求，可以在對方戒備不嚴的情況下，使其不知不覺地接受自己的觀點。

迂迴進攻，四種方法

一般來說，直言快語是人們的真誠所在，但是有時候效果不佳，就會遇到許多狀況，輕者損害人際關係的和諧，重者造成不可預知的麻煩。這個時候，就要想辦法兜圈子。

用事實兜圈子

有一天晚上，幾個年輕人去拜訪某位教授，教授明天要出國，必須提前休息，但是礙於情面，不便直言辭客。

談到夜深，教授委婉地說：「你們提出的這個問題非常值得研究，明天我去A城參加會議，會找一些學者進行討論。」

幾個年輕人都是聰明人，立刻起身告辭，誠懇地說：「很抱歉，不知道你明天要出國，耽誤你休息了。」

顧及情面，有些話不便直說，可以用事實兜圈子。

媳婦看見小姑穿著一件新衣服，認為是婆婆買的，自己也想要一件，但是不好意思開口，於是對小姑說：「這件衣服在哪裡買的，真是漂亮！」

婆婆明白媳婦的意思，立刻回答：「在對面市場買的，我先買一件，如果你喜歡，我再買一件。」

用道理兜圈子

與對方觀點不同的時候，不直接否定對方的觀點，而是巧妙地先以事明理，然後以理論事，使對方否認自己的觀點，就是用道理兜圈子。

有一位女孩與一個年輕人相愛，女孩的好朋友善意地勸她，那個年輕人長相普通，不夠理想。

女孩笑著回答：「謝謝你對我的關心，但是我很喜歡一句話：『憎恨經常和美貌在一起，不要草率地追求美貌。』」

用模糊語言兜圈子

由於某種原因不願意讓對方知道自己的真實想法，可以用模糊語言來應對。

一位罹患重大疾病的病人問醫生：「我的病是不是很嚴重，還有治癒的希望嗎？」

醫生回答：「你的病確實不輕，但是經過治療，安心養病，就會逐漸痊癒。」

對某人某事有不同的看法，但是無法說出誰是誰非，就要秉持「求大同、存小異」的原則，含蓄地迴避。

用情感兜圈子

人們不會輕易改變已經明確表示的態度和立場，為了達到說服的目的，可以先隱藏自己的觀點，等到事理通暢明白之後，再加以指點。

鄭板橋早年家貧，某年除夕賒了一個豬頭，剛下鍋，又被屠戶要去轉手出售。為此，他一直記恨在心，後來到山東范縣做官，特別規定屠戶不准賣豬頭，自己吃也要繳稅，以示對屠戶的懲罰。

鄭板橋的妻子聽聞以後，覺得這種做法不妥。一天，她把一隻老鼠吊在房裡，夜裡老鼠不停地掙扎，鄭板橋一宿未睡。他埋怨妻子，妻子說自己小時候做了一件衣服，結果被老鼠啃壞了。

鄭板橋聽了以後，笑著說：「與化的老鼠啃壞你的衣服，又不是山東的老鼠，你恨牠是何道理？」

妻子說：「你現在不是也恨范縣的屠戶嗎？」

鄭板橋的妻子透過比照，用情感兜圈子，然後畫龍點睛，終於說服鄭板橋。

繞開避諱，消除對抗

二十世紀三〇年代，美國費城電氣公司的韋伯到一個州的鄉村去推銷用電。他來到一個老太太的家門前，沒想到吃了閉門羹。韋伯再次叫門，門勉強開了一條縫，他說：「很抱歉打擾你，我這次不是來推銷用電，而是來買幾個雞蛋。」

老太太消除一些戒心，把門開大一點，探出頭來懷疑地看著韋伯。韋伯繼續說：「我看見你養的多明尼克雞很漂亮，想要買一打新鮮的雞蛋。」

聽到這些，老太太的態度變得溫和許多，和韋伯談論雞蛋的事情。韋伯指著院子裡的牛棚說：「我敢打賭，你丈夫養的牛比不上你養的雞賺錢多。」

老太太被說得心花怒放，長期以來，她的丈夫總是不承認這個事實。於是，她把韋伯視為知己，並且帶他到雞舍參觀。韋伯一邊參觀，一邊讚揚老太太的養雞經驗，並且說，如果可以用電燈照射，雞產的蛋會更多。老太太似乎沒有那麼反感，反而問韋伯，用電是否划算。當然，她得到滿意的回答。兩個星期以後，韋伯在公司收到老太太寄來的用電申請書。

在辯論的過程中，有意避開對方的忌諱，繞道而行，選擇對方感興趣的話題，進而消除對方的敵意和不滿，等到時機成熟以後，立刻拋出自己的命題，就可以達到說服的目的。運用這種方法的時候，要注意以下兩點：

依循對方的心理趨勢進行辯論。依循對方的心理趨勢，最重要的是：以對方的認識基點為起點。無論對方的認識如何，總是一個客觀存在，使用這個方法最忌諱剛開始就提出分歧觀點。

主動表示對對方的認同和肯定。在辯論的時候，對方的談話中表現出來的觀點，如果自己同意，就要立刻做出表示贊同的反應，但是不宜太直接，要表現得若無其事，使自己的情感滲進對方的意識，巧妙地尋找話題，適時地讚美，有助於抵消對立的情緒。

後記

恭喜你讀到這一頁！

你在不經意之間讀到這本書，這種不經意，或許與你未來的人生會產生奇妙的化學反應。

荷蘭阿姆斯特丹大學邏輯學教授約翰・范・邊沁，是世界著名的邏輯學家。他在回憶中說道：「我考入阿姆斯特丹大學的時候，物理系和哲學系正好在同一座樓，所以我不經意地選修一門邏輯課。對我來說，這門神奇的邏輯課讓我大開眼界：正是邏輯揭示我們做的日常事情——談話、推理、論辯背後的精妙，所以我愛上邏輯學，並且為此轉到哲學系。」

我不是想說，你會因為本書而轉到哲學系，我只是想說：如果你因為本書而愛上邏輯學，我會為自己的工作感到自豪，但是不會感到意外。

這，就是我要在此恭喜你的原因。

成功講座 365

DEVIL LOGIC
思維的邏輯

海鴿文化出版圖書有限公司
Seadove Publishing Company Ltd.

作者　老凡
美術構成　騾賴耙工作室
封面設計　斐類設計工作室
發行人　羅清維
企劃執行　張緯倫、林義傑
責任行政　陳淑貞

出版　海鴿文化出版圖書有限公司
出版登記　行政院新聞局局版北市業字第780號
發行部　台北市信義區林口街54-4號1樓
電話　02-27273008
傳真　02-27270603
E-mail　seadove.book@msa.hinet.net

總經銷　創智文化有限公司
住址　新北市土城區忠承路89號6樓
電話　02-22683489
傳真　02-22696560
網址　www.booknews.com.tw

香港總經銷　和平圖書有限公司
住址　香港柴灣嘉業街12號百樂門大廈17樓
電話　（852）2804-6687
傳真　（852）2804-6409

CVS總代理　美璟文化有限公司
電話　02-2723-9968
E-mail　net@uth.com.tw

出版日期　2022年03月01日　一版一刷
　　　　　2023年06月15日　一版五刷
定價　320元
郵政劃撥　18989626　戶名：海鴿文化出版圖書有限公司

國家圖書館出版品預行編目（CIP）資料

思維的邏輯 ／ 老凡作 ；
-- 一版. -- 臺北市 ： 海鴿文化，2022.03
面 ； 公分. --（成功講座；365）
ISBN 978-986-392-332-9（平裝）

1. 邏輯

150　109015808